CONTEÚDO DIGITAL PARA ALUNOS

Cadastre-se e transforme seus estudos em uma experiência única de aprendizado:

1 Escaneie o QR Code para acessar a página de cadastro.

CB015090

2 Complete-a com seus dados pessoais e as informações de sua escola.

3 Adicione ao cadastro o código do aluno, que garante a exclusividade de acesso.

1925904A9541895

Agora, acesse:
www.editoradobrasil.com.br/leb
e aprenda de forma inovadora
e diferente! :D

Lembre-se de que esse código, pessoal e intransferível, é válido por um ano. Guarde-o com cuidado, pois é a única maneira de você utilizar os conteúdos da plataforma.

Mitanga

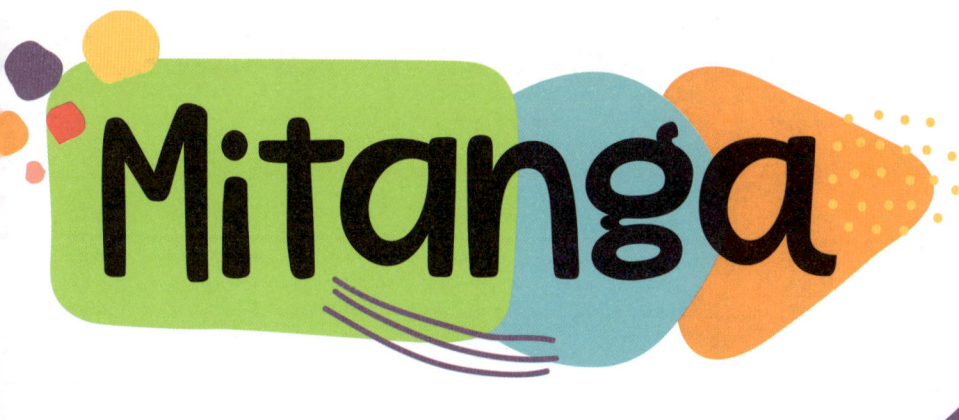

2

EDUCAÇÃO INFANTIL

NATUREZA E SOCIEDADE

JOSIANE SANSON

MEIRY MOSTACHIO

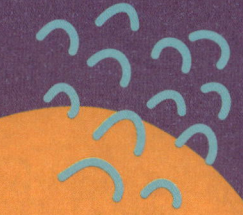

MITANGA PALAVRA DE ORIGEM TUPI QUE SIGNIFICA "CRIANÇA" OU "CRIANÇA PEQUENA".

1ª EDIÇÃO
SÃO PAULO, 2020

Editora do Brasil

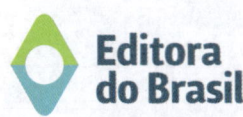

Dados Internacionais de Catalogação na Publicação (CIP)
(Câmara Brasileira do Livro, SP, Brasil)

Sanson, Josiane
  Mitanga natureza e sociedade : educação infantil 2 / Josiane Sanson, Meiry Mostachio. -- São Paulo : Editora do Brasil, 2020. -- (Mitanga)

  ISBN 978-85-10-08231-0 (aluno)
  ISBN 978-85-10-08232-7 (professor)

  1. Natureza (Educação infantil) 2. Sociedade (Educação infantil) I. Mostachio, Meiry. II. Título. III. Série.

20-35661   CDD-372.21

Índices para catálogo sistemático:

1. Natureza e sociedade : Educação infantil   372.21

Cibele Maria Dias - Bibliotecária - CRB-8/9427

© Editora do Brasil S.A., 2020
Todos os direitos reservados

Direção-geral: Vicente Tortamano Avanso

Direção editorial: Felipe Ramos Poletti
Gerência editorial: Erika Caldin
Supervisão de arte: Andrea Melo
Supervisão de editoração: Abdonildo José de Lima Santos
Supervisão de revisão: Dora Helena Feres
Supervisão de iconografia: Léo Burgos
Supervisão de digital: Ethel Shuña Queiroz
Supervisão de controle de processos editoriais: Roseli Said
Supervisão de direitos autorais: Marilisa Bertolone Mendes

Supervisão editorial: Carla Felix Lopes
Edição: Jamila Nascimento e Monika Kratzer
Assistência editorial: Beatriz Pineiro Villanueva
Auxílio editorial: Marcos Vasconcelos
Especialista em copidesque e revisão: Elaine Cristina da Silva
Copidesque: Giselia Costa, Ricardo Liberal e Sylmara Beletti
Revisão: Alexandra Resende, Amanda Cabral, Andreia Andrade, Fernanda Almeida, Fernanda Prado, Flávia Gonçalves, Gabriel Ornelas, Mariana Paixão, Martin Gonçalves e Rosani Andreani.
Pesquisa iconográfica: Elena Molinari e Lucas Alves

Assistência de arte: Daniel Campos Souza
Design gráfico: Cris Viana/Estúdio Chaleira
Capa: Obá Editorial
Edição de arte: Paula Coelho
Imagem de capa: Luna Vicente
Ilustrações: Alexander Santos, Alexandre Matos, Claudia Marianno, Carolina Sartório, Dayane Raven, Estudio Kiwi, Henrique Brum, Luiz Lentini, Marcos Machado, Paula Kranz e Rodrigo Arraya
Editoração eletrônica: NPublic/Formato Editoração
Licenciamentos de textos: Cinthya Utiyama, Jennifer Xavier, Paula Harue Tozaki e Renata Garbellini
Controle de processos editoriais: Bruna Alves, Carlos Nunes, Terezinha Oliveira e Valéria Alves

1ª edição / 1ª impressão, 2020
Impresso na Ricargraf Gráfica e Editora Ltda.

Rua Conselheiro Nébias, 887
São Paulo, SP – CEP 01203-001
Fone: +55 11 3226-0211
www.editoradobrasil.com.br

APRESENTAÇÃO

A VOCÊ, CRIANÇA!

Preparamos esta nova edição da coleção com muito carinho para você, criança curiosa e que adora fazer novas descobertas! Com ela, você vai investigar, interagir, brincar, aprender, ensinar, escrever, pintar, desenhar e compartilhar experiências e vivências.

Você é nosso personagem principal! Com esta nova coleção, você vai participar de diferentes situações, refletir sobre diversos assuntos, propor soluções, emitir opiniões e, assim, aprender muito mais de um jeito dinâmico e vivo.

Esperamos que as atividades propostas em cada página possibilitem a você muita descoberta e diversão, inventando novos modos de imaginar, criar e brincar, pois acreditamos que a transformação do futuro está em suas mãos.

A boa infância tem hora para começar, mas não para acabar. O que se aprende nela se leva para a vida toda.

As autoras.

CURRÍCULO DAS AUTORAS

JOSIANE MARIA DE SOUZA SANSON

▼ Formada em Pedagogia
▼ Especialista em Educação Infantil
▼ Pós-graduada em Práticas Interdisciplinares na Escola e no Magistério Superior
▼ Pós-graduada em Administração Escolar
▼ Experiência no magistério desde 1982
▼ Professora das redes municipal e particular de ensino
▼ Autora de livros didáticos de Educação Infantil

ROSIMEIRY MOSTACHIO

▼ Formada em Pedagogia com habilitação em Orientação Escolar
▼ Pós-graduada em Psicopedagogia
▼ Mestre em Educação
▼ Experiência no magistério desde 1983
▼ Professora das redes estadual e particular de ensino
▼ Ministrante de cursos e palestras para pedagogos e professores
▼ Autora de livros didáticos de Educação Infantil e Ensino Fundamental

SUMÁRIO

UNIDADE 1 – SINAIS DE VIDA 6

UNIDADE 2 – MARAVILHAS DA NATUREZA 28

UNIDADE 3 – SOU CRIANÇA 52

UNIDADE 4 – TUDO MUDA, TUDO SE TRANSFORMA . . 76

UNIDADE 5 – A CRIANÇA E OS ESPAÇOS 98

UNIDADE 6 – TUDO QUE A VISTA ALCANÇA 122

DATAS COMEMORATIVAS 145

TAREFAS PARA CASA 153

ENCARTES 177

Observe a cena.
- Que ambiente está representado?
- O que mãe e filho estão fazendo? Pinte apenas os seres vivos da imagem.
- Quais seres vivos você pintou?

SERES VIVOS

OS SERES VIVOS NASCEM, CRESCEM, PODEM SE REPRODUZIR E MORREM.

CLAUDIA MARIANNO

Complete o desenho com a metade que falta e pinte-o.
▼ Você conhece esse ser vivo? O que sabe sobre ele?
Escreva como souber o nome desse animal e converse com os colegas e o professor sobre as características dele.

ELEMENTOS IMPORTANTES PARA A VIDA

CLAUDIA MARIANNO

Alguns elementos não vivos são muito importantes para os seres vivos. Destaque as figuras da página 177 e cole-as nesta cena para completá-la.
▼ Quais elementos você colou?
▼ Por que esses elementos são importantes para os seres vivos?

SOMOS PARECIDOS?

OS SERES HUMANOS SÃO SERES VIVOS E, PORTANTO, NASCEM, CRESCEM, PODEM SE REPRODUZIR, ENVELHECEM E MORREM. NO ENTANTO, APESAR DESSA CARACTERÍSTICA EM COMUM, AS PESSOAS SÃO MUITO DIFERENTES.

SERRNOVIK/ISTOCKPHOTO.COM

Desenhe você ao lado da fotografia da criança.
▼ Você se parece com essa criança?
▼ O que vocês têm em comum? Em que aspectos são diferentes?

Converse com os colegas e o professor sobre a importância de valorizarmos a diversidade.

O CORPO HUMANO

_____

_____

- ▼ Como é o corpo de uma pessoa?
- ▼ Você sabe o nome de cada parte de seu corpo?

Recorte de jornais e revistas figuras que mostrem pessoas de corpo inteiro. Cole-as acima. Depois, escreva nas linhas, da maneira que souber, o nome de cada parte do corpo que identificar.

ERA UMA VEZ

NASCI PEQUENINO,
RODEADO DE GIGANTES.
MEU MUNDO ERA ÚNICO,
REAL E ACONCHEGANTE.

AOS POUCOS FUI MUDANDO,
PASSARAM-SE DIAS, PASSARAM-SE MESES,
ME VI JÁ MAIOR, ANDANDO E FALANDO.

UM MUNDO DE DESAFIOS,
ONDE APRENDI A CANTAR,
A ESCREVER E CONTAR.
JÁ SEI CONVERSAR E ME VIRAR.

PERCEBO QUE AINDA VOU MUDAR…
AINDA ESTOU CRESCENDO.

TEXTO ESCRITO ESPECIALMENTE PARA ESTA OBRA.

ILUSTRAÇÕES: HENRIQUE BRUM

Ouça a leitura do professor e descubra as mudanças que ocorrem com as pessoas no decorrer da vida.
▼ De qual fase da vida trata o poema?
▼ Em qual fase da vida você se encontra?
Pinte a imagem que representa a fase atual de sua vida.

NOSSO PRÊMIO É TER SAÚDE

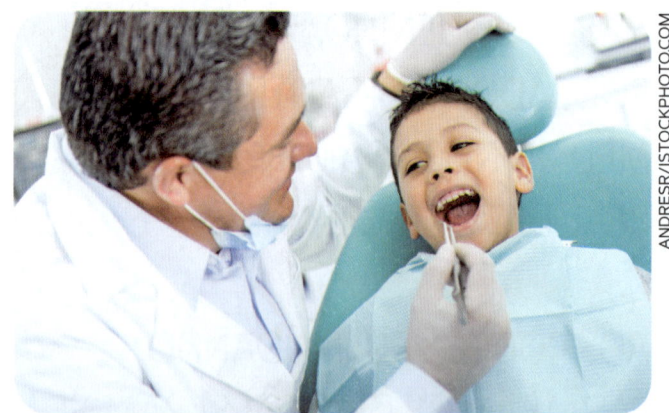

CONSULTAR UM _____ QUANDO NECESSÁRIO.

IR AO _____ DUAS VEZES POR ANO.

COMER _____ SAUDÁVEIS.

TOMAR _____ TODOS OS DIAS.

MÉDICO   **DENTISTA**   **ALIMENTOS**   **BANHO**

▼ O que precisamos fazer para ter uma vida saudável? Observe as imagens e complete as frases copiando a palavra correspondente.

▼ Você costuma fazer essas atividades? Com que frequência?

COMER BEM FAZ BEM!

NOSSA ALIMENTAÇÃO PRECISA SER SAUDÁVEL E VARIADA. POR ISSO, SEMPRE QUE POSSÍVEL COMA FRUTAS, LEGUMES, VERDURAS E GRÃOS EM TODAS AS REFEIÇÕES. ALÉM DISSO, BEBA ÁGUA PARA SE HIDRATAR.

▼ Você sabe quais alimentos são mais saudáveis?
Siga as orientações do professor e faça desenhos, com a ajuda dos colegas, para completar o cartaz sobre alimentação saudável.

▼ Você já provou algum desses alimentos? Que sabor eles têm?

O QUE VOU COMER HOJE?

GRESEI/SHUTTERSTOCK.COM

HARIKARN/ISTOCKPHOTO.COM

LLEEROGERS/ISTOCKPHOTO.COM

CHARNSITR/SHUTTERSTOCK.COM

ANAT CHANT/SHUTTERSTOCK.COM

AFRICA STUDIO/SHUTTERSTOCK.COM

PHOTOGRAPHER/ISTOCKPHOTO.COM

HONG VO/SHUTTERSTOCK.COM

_____

_____

Ligue os alimentos ao prato para montar uma refeição saudável. Depois, escreva nas linhas, da maneira que souber, o nome dos alimentos que você colocou no prato.

▼ Você sabe quais alimentos nos ajudam a ter mais energia e disposição?

▼ Qual é seu alimento preferido?

HIGIENE DO CORPO

SE LIGUE NA REDE

Acesse o endereço a seguir e, de forma bem divertida, aprenda mais sobre a higiene do corpo (acesso em: 28 jan. 2020).

▼ http://cmais.com.br/castelo/episodios/meu-pe-meu-querido-pe-20-anos-de-castelo-ra-tim-bum#

▼ Você cuida da higiene de seu corpo? Desenhe os cuidados que você tem diariamente com seu corpo.

VAMOS CUIDAR DA HIGIENE BUCAL?

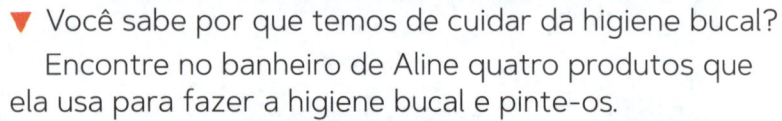

CLAUDIA MARIANNO

▼ Você sabe por que temos de cuidar da higiene bucal?
Encontre no banheiro de Aline quatro produtos que ela usa para fazer a higiene bucal e pinte-os.

▼ Como você faz sua higiene bucal?
Converse com os colegas e o professor.

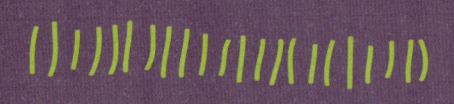

CAPRICHE NA ESCOVAÇÃO!

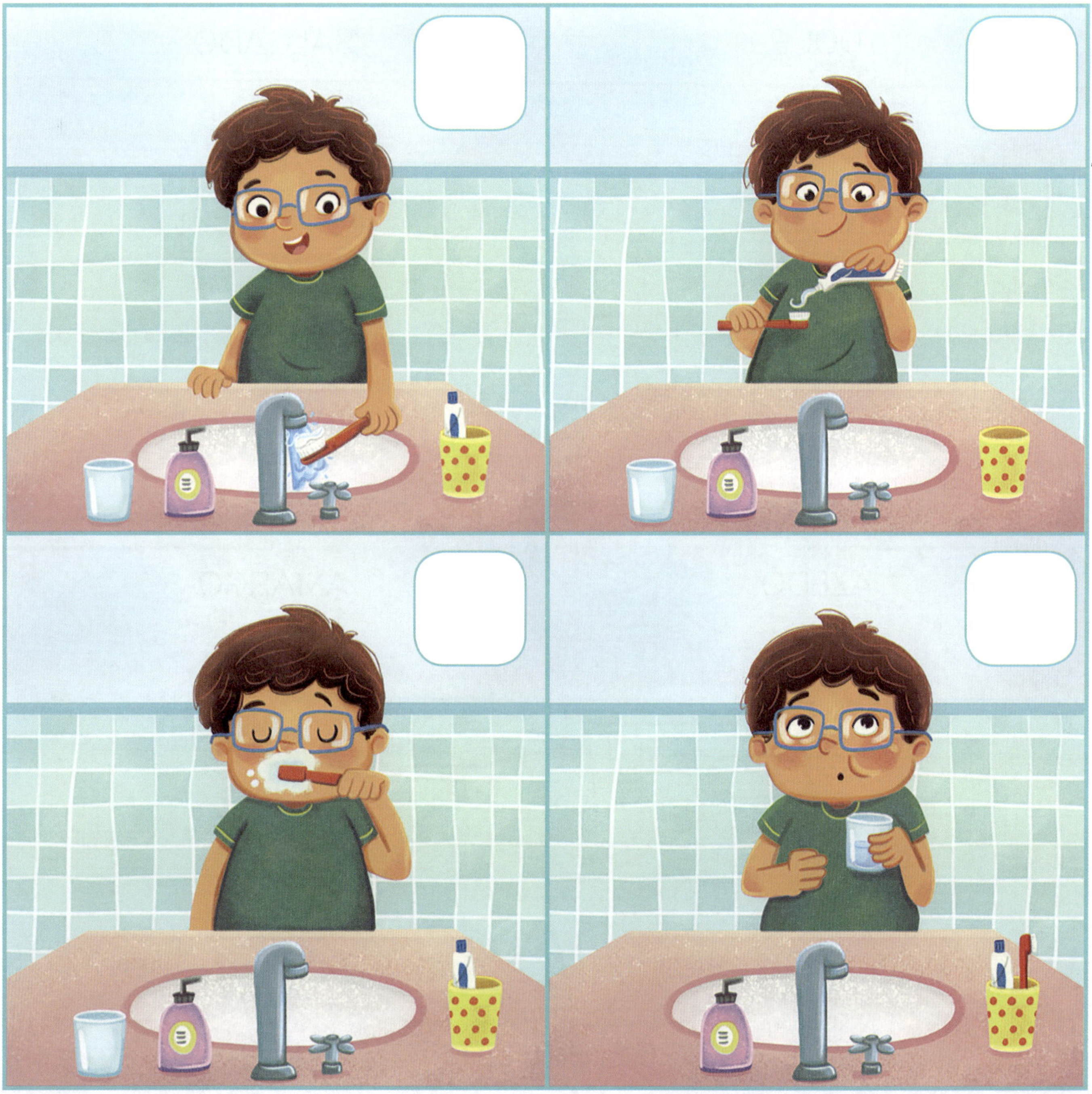

▼ Você sabe escovar os dentes?
▼ O que devemos fazer primeiro?
  Observe as imagens e numere-as na ordem correta.

TAREFA PARA CASA 1

SABORES

DOCE	SALGADO
AZEDO	AMARGO

▼ Além dos dentes, o que mais temos dentro da boca?
▼ Com que parte do corpo sentimos o gosto dos alimentos?
   Recorte de jornais, revistas ou panfletos de supermercado imagens de alimentos diversos. Depois, cole-as nos quadros para classificar cada alimento de acordo com o gosto dele.

▶ CHEIRINHO QUE VEM DA PANELA

CHEIRO BOM	CHEIRO RUIM

▼ Sentir o cheiro da comida que está sendo preparada abre seu apetite?
▼ Com que parte do corpo sentimos o cheiro das coisas?
   Podemos sentir cheiros bons e ruins. Destaque as figuras da página 177 do encarte e cole-as nos quadros para classificar cada item de acordo com seu cheiro.

O QUE VEJO?

FAZEM PARTE DE NOSSO CORPO COM UMA GRANDE MISSÃO: APRESENTAR O MUNDO COM SUAS CORES COLOCANDO-O À NOSSA DISPOSIÇÃO.

TEXTO ESCRITO ESPECIALMENTE PARA ESTA OBRA.

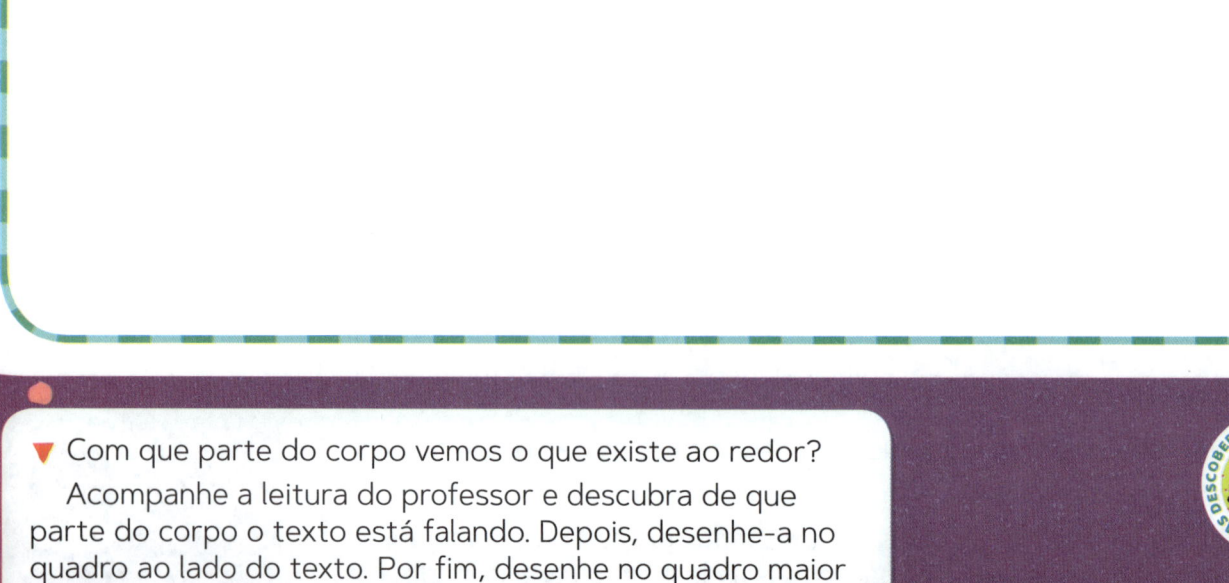

▼ Com que parte do corpo vemos o que existe ao redor?

Acompanhe a leitura do professor e descubra de que parte do corpo o texto está falando. Depois, desenhe-a no quadro ao lado do texto. Por fim, desenhe no quadro maior aquilo que você mais gosta de ver.

OLHO VIVO

LUIZ LENTINI

Aguce sua visão e observe bem essa imagem.
▼ Quantos animais você identificou?
   Cubra os tracejados com canetinha hidrocor para descobrir a figura de três animais escondidos. Use uma cor diferente para cada animal.
▼ Em sua opinião, a visão foi importante para realizar a atividade?

QUE MACIO!

▼ Você já acariciou o pelo de algum animal? Você sabe como é a textura da casca do abacaxi?

▼ Com que parte do corpo sentimos a textura e a temperatura do que tocamos?

Converse com os colegas e o professor sobre esse assunto. Depois, circule as cenas que mostram crianças tocando em coisas macias.

OS SONS QUE PERCEBEMOS

TIQUE-TAQUE BLIM-BLOM TUM-TUM PIU-PIU

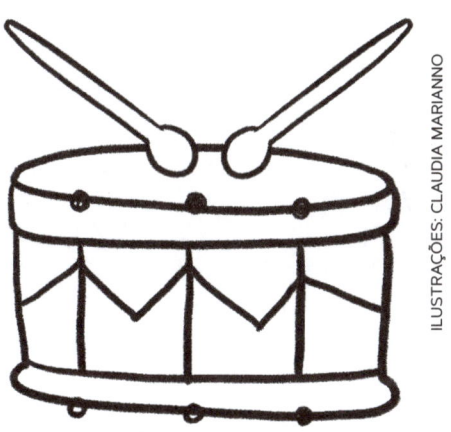

ILUSTRAÇÕES: CLAUDIA MARIANNO

Feche os olhos e escute os sons ao redor.
▼ O que você consegue ouvir?
▼ Com que parte do corpo ouvimos os sons ao redor?
Observe as imagens. Escute a leitura do professor e pinte cada figura com a cor indicada de acordo com o som que produz.

ÓRGÃOS DOS SENTIDOS

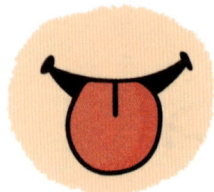

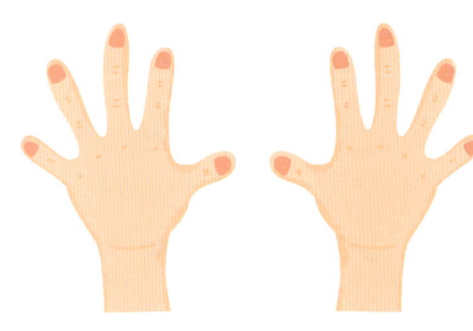

ILUSTRAÇÕES: PAULA KRANZ

Nas páginas anteriores, você estudou algumas partes do corpo com as quais sentimos e percebemos o mundo ao nosso redor. São os órgãos dos sentidos.

▼ Você se lembra dos cinco órgãos dos sentidos que estudou?

Para relembrá-los, observe as imagens da primeira coluna e ligue-as às cenas da segunda coluna.

PERCEBENDO O MUNDO

 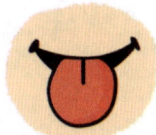    

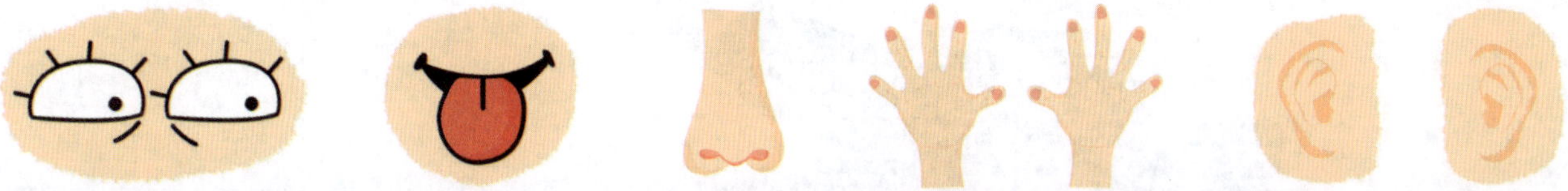

Pinte a imagem deixando-a bem colorida.

▼ Que órgãos do sentido você utiliza para observar e apreciar essa flor?

Circule os órgãos que você utiliza para ver, sentir o cheiro e a textura das flores.

TAREFA PARA CASA 2

UNIDADE 2
MARAVILHAS DA NATUREZA

SÃO TODOS SERES VIVOS

CRESCE.   COME.   NASCE.   RESPIRA.

Assim como os seres humanos, os animais também são seres vivos.
▼ Você sabe dizer por quê?
Observe as imagens e, com a ajuda do professor, escreva o que os seres vivos fazem.

ANIMAIS QUE MAMAM

_____

▼ Você sabe por que os animais mamam?
▼ Que nome é dado ao grupo de animais que mamam quando são filhotes?
   Converse com os colegas e o professor para descobrir a resposta e escreva-a na linha. Depois, destaque as imagens da página 179 do encarte e cole-as acima.
▼ Que outras características comuns você percebe entre esses mamíferos?

ANIMAIS COM PENAS

URUBU · ARARA · PATO

TUCANO · CORUJA · MACACO

▼ Quais desses animais têm o corpo coberto de penas, bico, asas e dois pés?

Observe as imagens com atenção e pinte apenas o nome dos animais que apresentam essas características.

▼ Quais animais você pintou? Você sabia que as aves põem ovos?

ADIVINHE O ANIMAL!

SOU UMA AVE BONITA,
TENTE MEU NOME ESCREVER.
LEIA DE TRÁS PARA FRENTE
E O MESMO NOME IRÁ VER.

EVA FURNARI. **ADIVINHE SE PUDER**.
SÃO PAULO: MODERNA, 2011. P. 27.

Com a ajuda do professor, leia a adivinha e escreva a resposta no quadro, como souber.
▼ Como podemos perceber que a arara é uma **ave**? Pinte a arara com giz de cera.

E OS PEIXES?

DAVDEKA/SHUTTERSTOCK.COM

KRISTOF DEGREEF/SHUTTERSTOCK.COM

KRISTOF DEGREEF/SHUTTERSTOCK.COM

KRISTOF DEGREEF/SHUTTERSTOCK.COM

ANDRE DIB/PULSAR IMAGENS

L. NEWMAN & A. FLOWERS/SCIENCE SOURCE/FOTOARENA

LITTLEPERFECTSTOCK/SHUTTERSTOCK.COM

▼ Quais são as características dos **peixes**? Onde eles vivem?

Observe as imagens e circule as que mostram algumas características dos peixes. Depois, converse com os colegas e o professor e listem, na lousa, essas e outras características que souberem desses animais.

▶ **OLHA O** _____ !

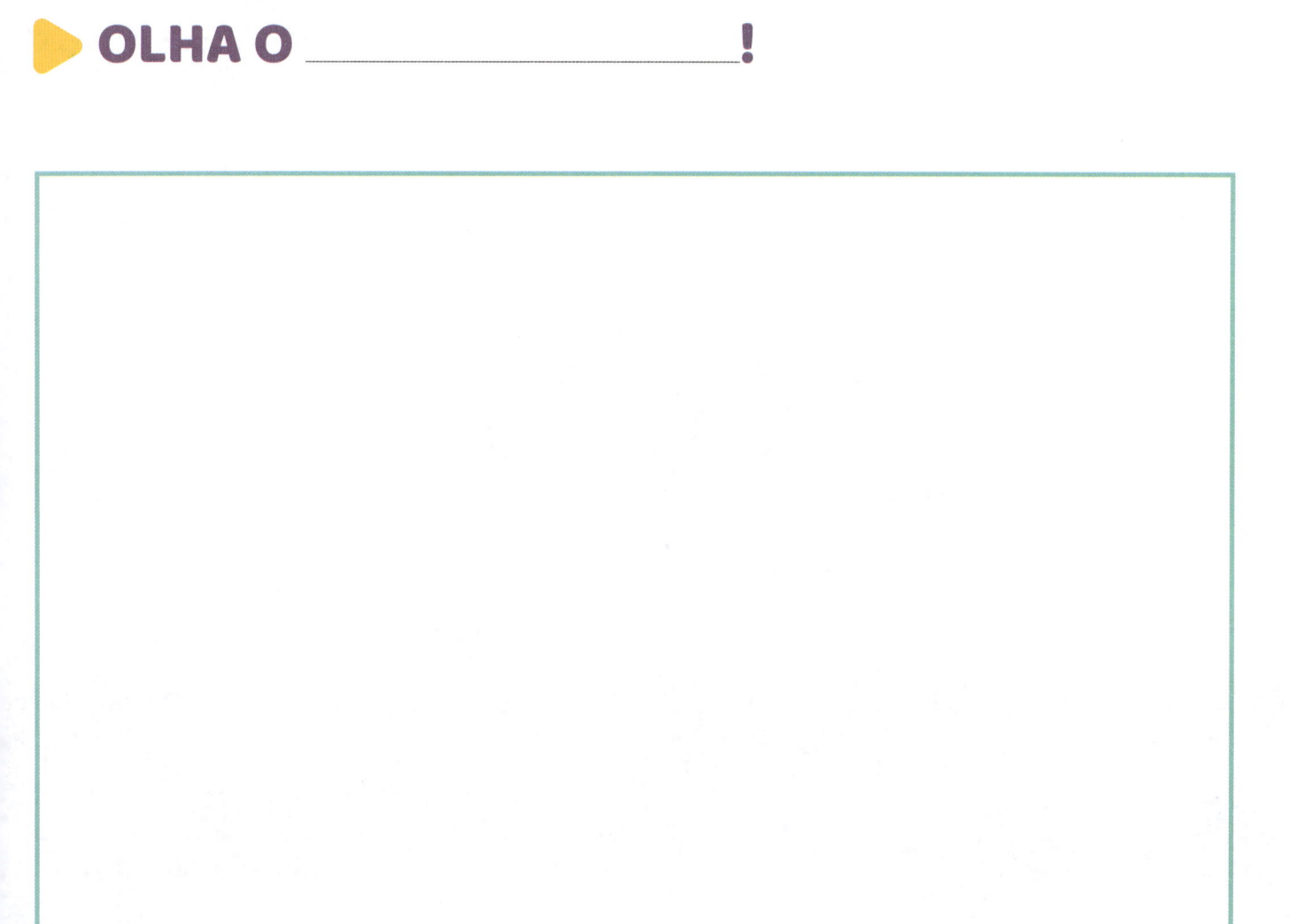

ALGUNS **RÉPTEIS** TÊM PATAS CURTAS E OUTROS NEM TÊM PATAS. ELES NASCEM DE OVOS, RASTEJAM E, GERALMENTE, TÊM O CORPO COBERTO DE CARAPAÇA, COURO OU CASCO DURO.

Destaque as peças da página 187, monte o quebra-cabeça, cole-o no quadro e descubra um réptil. Depois, complete o título com o nome dele.
▼ Que animal você descobriu?
▼ Você conhece outros répteis?
Desenhe-os em uma folha à parte e mostre-os aos colegas.

ONDE VIVEM OS ANIMAIS?

ILUSTRAÇÕES: HENRIQUE BRUM

Cada animalzinho, como todo ser vivo, precisa de um lugar para viver e morar!

▼ Você sabe onde vivem esses animais?

Destaque as imagens da página 179 do encarte e cole-as ao lado do animal que vive no lugar representado.

ALIMENTOS QUE COMEMOS

▼ Você sabe de onde vêm os alimentos que consumimos?
 Converse a respeito com os colegas e o professor. Depois, observe as imagens e ligue os alimentos à sua origem.
▼ De onde esses alimentos são retirados?

ANIMAIS E SERES HUMANOS

| ALIMENTAÇÃO | OUTRAS UTILIDADES |

YEVGENIY11/SHUTTERSTOCK.COM
TSEKHMISTER/SHUTTERSTOCK.COM
BAZILFOTO/ISTOCKPHOTO.COM
ERIC ISSELEE/SHUTTERSTOCK.COM
SERGIO AZENHA/ALAMY/FOTOARENA
ERIC ISSELEE/SHUTTERSTOCK.COM
ANTAGAINS/ISTOCKPHOTO.COM
OLGA_I/SHUTTERSTOCK.COM

▼ Como os animais ajudam os seres humanos?

Converse com os colegas e o professor sobre alguns animais que podem auxiliar ou facilitar nossa vida. Depois, ligue cada imagem ao quadro correspondente, que indica como cada um deles pode nos ajudar.

▼ Você já viu um cão-guia? De que maneira ele auxilia pessoas com deficiência visual?

CRESCE, PLANTINHA!

Leia a tirinha com a ajuda do professor. Depois, observe as plantas que estão nela e a atitude dos personagens.

▼ As plantas são seres vivos? De que elas necessitam para crescer e se desenvolver?

Desenhe esses elementos no quadro abaixo da tirinha.

▼ Por que Cascão escolheu a planta chamada **cacto** para cuidar?

O QUE É, O QUE É?

DE BRONZE SÃO SEUS GALHOS,
AS FOLHAS, DE ESMERALDA.
BELAS FRUTAS COR DE OURO
E AS FLORES COR DE PRATA.

ADIVINHA.

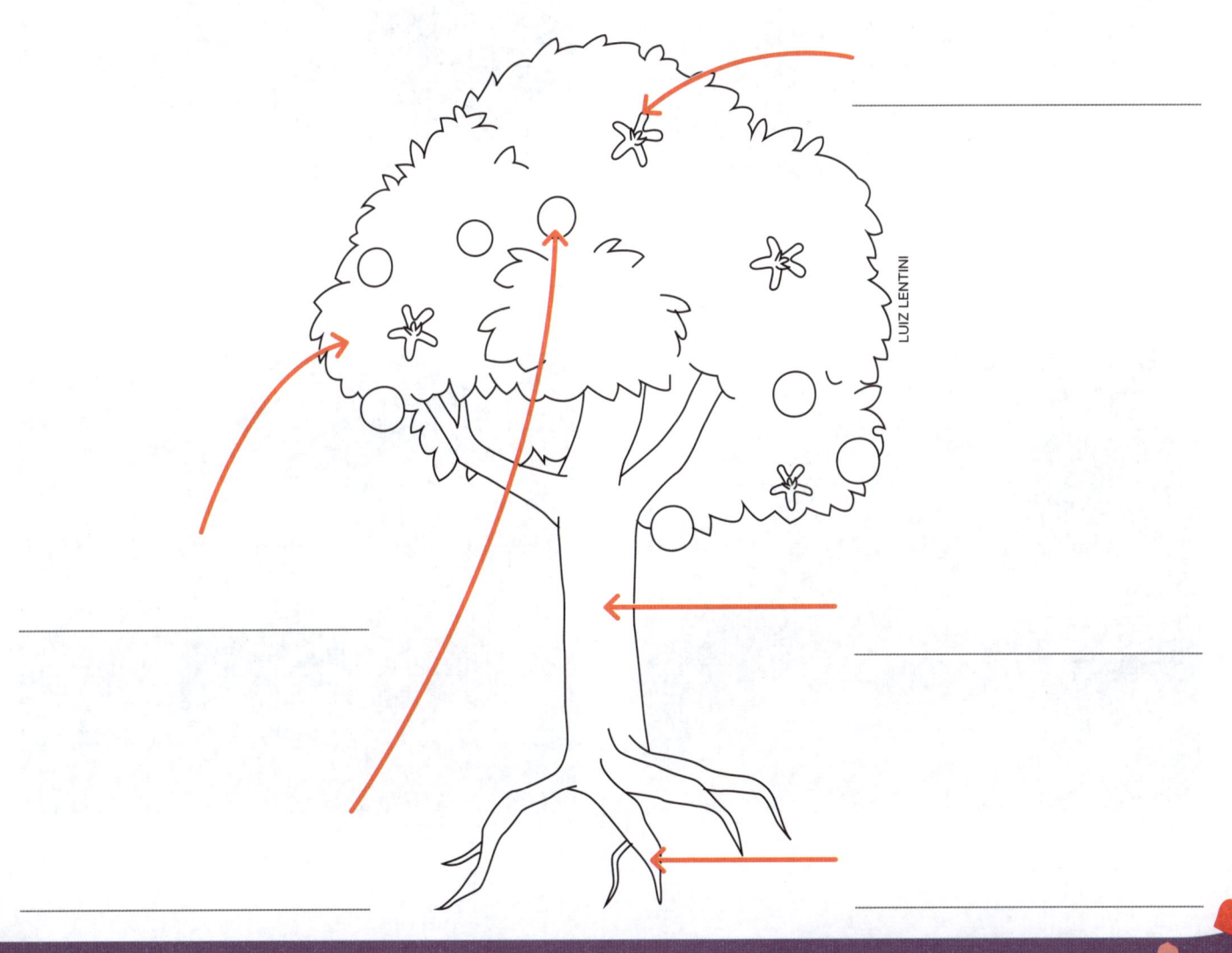

LUIZ LENTINI

Ouça a leitura do professor, observe a imagem e descubra a resposta da adivinha. Depois, pinte a árvore e escreva, da maneira que souber, o nome das partes dela.
▼ Que fruto nasce da laranjeira?
▼ Você sabe o nome de outras árvores frutíferas?

O QUE TEM NO POMAR?

- ▼ Você sabe o que é um pomar?
- ▼ O que podemos encontrar nele?
  Observe as imagens e escreva o nome dessas árvores, da maneira que souber.
- ▼ Que fruta nasce em cada árvore?

TAREFA PARA CASA 3

▶ VAMOS PLANTAR UMA HORTA?

HORTA, POMAR E JARDIM

AFOFAR A TERRA, COLOCAR ESTERCO,
PREPARAR O CANTEIRO...
UFA! CANSEI. MAS PASSOU BEM LIGEIRO.
FAZER BURACO NA TERRA FOFA.
UMA A TRÊS SEMENTES EM CADA BURAQUINHO.
REGADOR NA MÃO. ÁGUA! [...]

ELLEN PESTILI. **HORTA, POMAR E JARDIM**: BRINCADEIRA NÃO TEM FIM. SÃO PAULO: EDITORA DO BRASIL, 2016. P. 4, 5, 6 E 8.

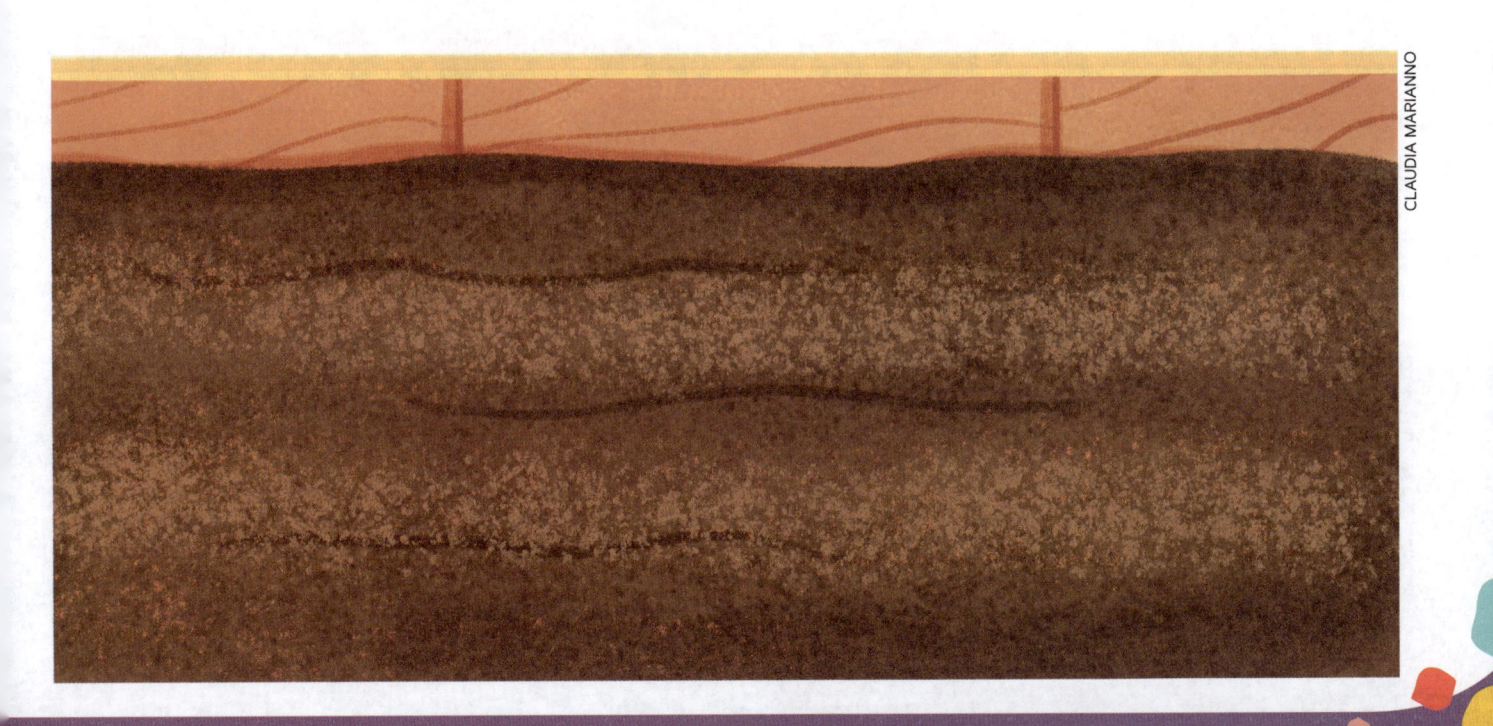

▼ De onde vêm os alimentos que você come?
▼ Você já viu uma horta?
▼ Que alimentos há em uma horta?

Ouça a leitura do professor. Depois, desenhe as hortaliças com pincel e tinta guache.

▶ OUTRAS UTILIDADES DAS PLANTAS

PLANTAS PARA FAZER PERFUMES

PLANTAS PARA FAZER CHÁS

Destaque as imagens de plantas da página 181 do encarte e leia o nome delas com a ajuda do professor.

▼ Essas plantas costumam ser utilizadas na preparação de perfumes ou de chás?

Faça uma pesquisa para descobrir a resposta e, depois, cole as imagens nos quadros acima para classificar o tipo de utilização de cada planta.

CADÊ O BICHO QUE ESTAVA AQUI?

PEIXE-BOI

VOU FALAR DO PEIXE-BOI;
GRANDE, FOFO E COMILÃO
QUE TEM O NOME DE PEIXE,
MAS NÃO É UM PEIXE NÃO.

É MAMÍFERO SEM SER BOI
QUE SÓ BRINCA SEM PARAR,
NA AMAZÔNIA O PEIXE-BOI
É BASTANTE POPULAR.

PARA RESPIRAR COLOCA
A CABEÇA PARA FORA,
DEPOIS VOLTA RAPIDINHO,
POIS A ÁGUA ELE ADORA.

COME PLANTA LÁ DO FUNDO,
COME PLANTA QUE FLUTUA;
SERÁ QUE O PEIXE-BOI
VIVE NO MUNDO DA LUA?

CESAR OBEID. **CORES DA AMAZÔNIA**: FRUTAS E BICHOS DA FLORESTA. SÃO PAULO: EDITORA DO BRASIL, 2015.

Acompanhe a leitura do professor e conheça um animal que está desaparecendo de nossas florestas. Depois, destaque as peças da página 189 do encarte, monte seu peixe-boi e cole-o em uma folha à parte.

▼ Você já viu um peixe-boi de perto?
▼ Por que será que esse animal está desaparecendo dos rios próximo às florestas?

ANIMAIS EM EXTINÇÃO

TARTARUGA-DE-PENTE

ARARINHA-AZUL

MICO-LEÃO-DOURADO

ONÇA-PARDA

SE LIGUE NA REDE

▼ Para conhecer melhor alguns animais em extinção, ouça as canções disponíveis no endereço abaixo (acesso em: 31 jan. 2020).
▼ https://brasileirinhos.bandcamp.com/

▼ Você sabe o que significa a expressão **animais em extinção**?
Com a ajuda do professor, leia o nome de alguns animais que correm risco de extinção. Depois, destaque as imagens da página 181 do encarte e cole-as nos quadros correspondentes.
▼ Você já viu de perto algum desses animais?

PRESERVE AS FLORESTAS!

▼ O que a imagem representa?
▼ Por que os seres humanos derrubam as florestas?
▼ Você sabe o que é reflorestamento?

Destaque as imagens da página 183 do encarte e cole-as na ilustração acima para reflorestar a área. Depois, desenhe os animais que agora podem viver nela.

▶ ÁGUA LIMPA E TRANSPARENTE

CLAUDIA MARIANNO

Observe a imagem e pinte-a para que fique bem colorida e natural.
▼ O rio está limpo ou poluído?
▼ Por que os peixes e outros animais conseguem sobreviver nele?

E O LIXO, ONDE VAI PARAR?

SEPARAR O LIXO RECICLÁVEL É PRESERVAR O MEIO AMBIENTE.

■ PLÁSTICO   ■ PAPEL   ■ VIDRO   ■ METAL

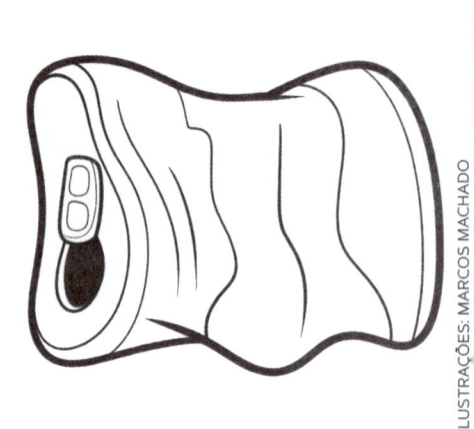

ILUSTRAÇÕES: MARCOS MACHADO

▼ Você e sua família separam o lixo em casa?
▼ Você sabe por que é preciso separar o lixo?
   Observe os objetos e pinte-os de acordo com a legenda.

TAREFA PARA CASA 4

50

SER CIDADÃO

TUDO É VIDA

QUANDO A GENTE VÊ O MAR
QUER SER PEIXE PRA NADAR
QUANDO A GENTE VÊ O CÉU
QUER SER AVE PRA VOAR
QUANDO A GENTE VÊ UMA FLOR
SONHA QUE É UM BEIJA-FLOR
TUDO É LINDO, TUDO É VIDA
E FAZ PARTE DA GENTE
TUDO É LINDO, TUDO É VIDA
SOMOS TODOS PARENTES
[...]
CUIDE BEM DA NATUREZA
ELA É PARTE DE VOCÊ
CUIDE BEM DA NATUREZA
QUE ELA CUIDA DE VOCÊ

JOSÉ AUGUSTO E PAULO SÉRGIO VALLE © BY UNIVERSAL MUS PUB MGB BRASIL LTDA./©1989/EDIÇÕES MUSICAIS TAPAJOS LTDA.

Cante a música com os colegas e o professor.
▼ A letra da canção é sobre o quê?
▼ Em sua opinião, por que devemos cuidar da natureza?
Em uma folha à parte, faça um desenho que represente como podemos cuidar da natureza.

UNIDADE 3
SOU CRIANÇA

EU GOSTO DE DESENHAR.

EU GOSTO DE JOGAR VIDEO GAME.

- Você gosta de ser criança?
- O que as crianças mais gostam de fazer?

Ouça a leitura do professor. Destaque as imagens da página 183 do encarte e cole-as de acordo com a preferência de cada criança.

- E você? O que mais gosta de fazer? Conte aos colegas e ao professor.

EU GOSTO DE JOGAR BOLA.

EU GOSTO DE DANÇAR.

▶ SER CRIANÇA

MAIS RESPEITO, EU SOU CRIANÇA!

PRESTEM ATENÇÃO NO QUE EU DIGO,
POIS EU NÃO FALO POR MAL:
OS ADULTOS QUE ME PERDOEM,
MAS SER CRIANÇA É LEGAL! [...]

PEDRO BANDEIRA. **MAIS RESPEITO, EU SOU CRIANÇA!** SÃO PAULO: EDITORA MODERNA, 2002. P. 11.

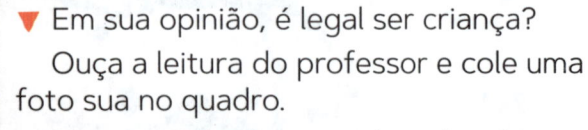

▼ Em sua opinião, é legal ser criança?

Ouça a leitura do professor e cole uma foto sua no quadro.

Em uma folha à parte, desenhe algo que represente por que é legal ser criança.

EU ME VEJO ASSIM

▼ Como você é?

Conte aos colegas e ao professor um pouco sobre você e desenhe um autorretrato. Depois, troque de livro com um colega e veja como ficou o desenho dele.

CADA UM É COMO É

NINGUÉM É IGUAL A NINGUÉM

MORO EM UMA RUA QUE NÃO É GRANDE NEM PEQUENA E TEM GENTE DE TODO JEITO. [...]

JOANA, A VIZINHA DA DIREITA, É NEGRA. [...]

DAVI, QUE MORA EM FRENTE, É RUIVO. [...]

JÁ PENSOU SE TODOS FOSSEM IGUAIS? ACHO QUE AS PESSOAS TERIAM QUE ANDAR COM O NOME ESCRITO NA TESTA PARA NÃO SEREM CONFUNDIDAS COM AS OUTRAS.

REGINA OTERO E REGINA RENNÓ. **NINGUÉM É IGUAL A NINGUÉM**. SÃO PAULO: EDITORA DO BRASIL, 1994. P. 3, 6 E 11.

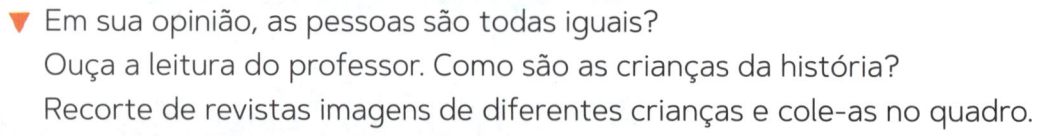

▼ Em sua opinião, as pessoas são todas iguais?

Ouça a leitura do professor. Como são as crianças da história?

Recorte de revistas imagens de diferentes crianças e cole-as no quadro.

▼ Como são as crianças das imagens que você colou? Elas se parecem com algum dos personagens da história?

COLORINDO A DIVERSIDADE

MARCOS MACHADO

As diferenças nos tornam pessoas únicas. Observe os rostos e pinte-os para representar a diversidade.
▼ Quais cores você usou? Por quê?
▼ Algum desses rostos se parece com o seu?

EU TENHO E VOCÊ TAMBÉM!

O QUE É O QUE É?

É SEU, MAS SEUS COLEGAS USAM MAIS QUE VOCÊ.

ADIVINHA.

Ouça a adivinha e responda-a.

O nome nos identifica em diversos documentos, como no crachá.

Escreva seu nome no crachá e pinte-o bem bonito.

▼ Você usa crachá na escola? Como é seu crachá?

E VOCÊ, QUEM É?

IDENTIDADE

ÀS VEZES NEM EU MESMO
SEI QUEM SOU.
ÀS VEZES SOU
"O MEU QUERIDINHO",
ÀS VEZES SOU
"MOLEQUE MALCRIADO".
PARA MIM
TEM VEZES QUE EU SOU REI,
HERÓI VOADOR,
CAUBÓI LUTADOR,
JOGADOR CAMPEÃO.
[...]
MAS O QUE IMPORTA
O QUE PENSAM DE MIM?
EU SOU QUEM SOU,
EU SOU EU,
SOU ASSIM,
SOU MENINO.

PEDRO BANDEIRA. **CAVALGANDO O ARCO-ÍRIS**. SÃO PAULO: MODERNA, 2010. P. 8.

- Ouça atentamente a leitura do professor.
- ▼ Como é o menino do poema?
- ▼ Que personagens ele imagina que é?
  Pinte apenas os personagens que o menino imagina ser.
- ▼ E você, quem imagina ser?

IMAGENS QUE CONTAM HISTÓRIAS

ILUSTRAÇÕES: HENRIQUE BRUM

QUAL IMAGEM MOSTRA LETÍCIA:

- RECÉM-NASCIDA? _____

- EM SEU PRIMEIRO ANIVERSÁRIO? _____

- EM SUA PRIMEIRA IDA À PRAIA? _____

- NA ESCOLA COM OS COLEGAS? _____

▼ Você se lembra de coisas que aconteceram quando era bebê?
▼ De que maneira podemos registrar os acontecimentos de nossa vida?

Observe as imagens e identifique alguns acontecimentos da vida de Letícia. Depois, escreva o número da imagem que corresponde a cada pergunta.

TAREFA PARA CASA 5

RETRATO DE FAMÍLIA

MAKSIM GUSAROV/SHUTTERSTOCK.COM

Observe o desenho que Pedro fez da família dele.
- Você consegue identificar as pessoas da família de Pedro?
- E sua família, como é? Desenhe-a no quadro.

AS FAMÍLIAS TÊM HISTÓRIA

A FAMÍLIA É NOSSO PRIMEIRO GRUPO DE CONVIVÊNCIA.

_____

_____

▼ O que você e sua família gostam de fazer juntos?
▼ Você se lembra de algum momento especial com sua família?

Escreva o nome dos membros de sua família da maneira que souber. Depois, faça um desenho que represente um momento especial de vocês.

Conte aos colegas e ao professor por que esse momento foi especial.

AS FAMÍLIAS MUDARAM

COLEÇÃO PARTICULAR

MONKEY BUSINESS IMAGES/SHUTTERSTOCK.COM

▼ O que essas fotografias têm em comum? Elas foram tiradas na mesma época?
▼ As famílias retratadas são iguais? Em qual delas há mais pessoas?

Observe as fotografias e tente imaginar a história que elas representam. Depois, marque um **X** na imagem da família que mais se parece com a sua.

▶ EM SUA FAMÍLIA, QUEM FAZ O QUÊ?

ILUSTRAÇÕES: RODRIGO ARRAYA

▼ Como é a rotina de sua família? Em sua casa, quem faz as tarefas ilustradas?

Conte aos colegas e ao professor as atividades que seus familiares fazem dentro e fora de casa.

▼ Você ajuda nas tarefas de casa?

Em uma folha à parte, desenhe a atividade que você costuma fazer para auxiliar sua família.

FAMÍLIA DE OUTRO LUGAR

É BASTANTE COMUM, ENTRE OS POVOS INDÍGENAS, UMA DIVISÃO DAS TAREFAS ENTRE HOMEM E MULHER. ISTO SIGNIFICA QUE EXISTEM ATIVIDADES QUE SÃO FEITAS SOMENTE PELAS MULHERES E OUTRAS, SOMENTE PELOS HOMENS.

MESMO QUE ESTA DIVISÃO NÃO SEJA IGUAL EM TODOS OS POVOS, AS TAREFAS RELACIONADAS AO PREPARO DOS ALIMENTOS, AO CUIDADO COM AS CRIANÇAS E ALGUMAS ATIVIDADES NA ROÇA SÃO, GERALMENTE, DE RESPONSABILIDADE DAS MULHERES. JÁ OS HOMENS SÃO RESPONSÁVEIS PELA DERRUBADA DO MATO PARA A CRIAÇÃO DA ROÇA, PELAS ATIVIDADES DE CAÇA, DE GUERRA, ENTRE OUTRAS.

É IMPORTANTE DIZER QUE AS ATIVIDADES FEITAS POR CADA UM DOS GÊNEROS (FEMININO OU MASCULINO) SE COMPLETAM, POIS JUNTAS GARANTEM A QUALIDADE DE VIDA DE TODA A COMUNIDADE.

[...]

QUEM FAZ O QUÊ? IN: **MIRIM – POVOS INDÍGENAS DO BRASIL**. SÃO PAULO, [2015?]. DISPONÍVEL EM: HTTPS://MIRIM.ORG/COMO-VIVEM/QUEM-FAZ-O-QUE. ACESSO EM: 3 FEV. 2020.

MULHERES INDÍGENAS DESCASCAM MANDIOCA PARA PREPARAÇÃO DE BEIJU NA ALDEIA YAWALAPITI. GAÚCHA DO NORTE, MT.

Ouça a leitura do professor para conhecer um pouco a rotina de uma comunidade indígena e descobrir como é feita a divisão de tarefas.

▼ De acordo com o texto, que atividades são feitas pelos homens indígenas? E pelas mulheres?

Circule no texto, de **verde**, as tarefas feitas pelas mulheres e, de **vermelho**, as tarefas realizadas pelos homens.

[...] AS CRIANÇAS APRENDEM DESDE CEDO AS TAREFAS DO DIA A DIA, E É MUITO COMUM VER UMA MENINA AJUDANDO SUA MÃE OU UM MENINO ACOMPANHANDO SEU PAI EM SEUS AFAZERES. ELAS COSTUMAM CONSTRUIR OBJETOS IGUAIS AOS DOS ADULTOS, MAS EM MINIATURA.

ASSIM, BRINCANDO DE IMITAR OS MAIS VELHOS, MENINOS E MENINAS APRENDEM AS ATIVIDADES QUE MAIS TARDE IRÃO DESEMPENHAR COM PERFEIÇÃO.

QUEM FAZ O QUÊ? *IN*: **MIRIM – POVOS INDÍGENAS DO BRASIL**. SÃO PAULO, [2015?]. DISPONÍVEL EM: HTTPS://MIRIM.ORG/COMO-VIVEM/QUEM-FAZ-O-QUE. ACESSO EM: 3 FEV. 2020.

INDÍGENAS KALAPALO DA ALDEIA AIHA SE PREPARAM PARA O JAWARI NO PARQUE ÍNDIGENA DO XINGU. QUERÊNCIA, MT.

INDÍGENAS KALAPALO DA ALDEIA AIHA PREPARAM O PEQUI. QUERÊNCIA, MT.

▼ E o que as crianças indígenas fazem? Como elas ajudam os adultos?

Escolha um de seus familiares e pense nas atividades que ele faz diariamente. Depois, represente-as com um desenho em uma folha à parte.

OUTROS GRUPOS

DESDE CRIANÇA, PARTICIPAMOS DE DIFERENTES GRUPOS SOCIAIS.

AMIGOS DA VIZINHANÇA.

AMIGOS DA ESCOLA.

AMIGOS DO CLUBE.

AMIGOS DA IGREJA.

▼ Você participa de algum grupo, além do grupo da família?
▼ Quais grupos você identifica nas imagens?
  Circule os grupos dos quais você participa.
▼ De qual desses grupos você gostaria de participar?

QUE GRUPO É ESTE?

AS CRIANÇAS SE ENCONTRAM PARA ENSAIAR UM RITMO MUSICAL.

AS CRIANÇAS SE APRESENTAM EM UM PALCO E, GERALMENTE, USAM ROUPAS IGUAIS DURANTE O ESPETÁCULO.

NESSA ATIVIDADE EM GRUPO, AS CRIANÇAS MOVIMENTAM O CORPO AO SOM DE DIFERENTES MÚSICAS.

Em sua escola costuma haver apresentações em Festas Juninas ou em outras festas?
▼ Você participa dessas apresentações?
Leia as pistas com a ajuda do professor e descubra um grupo de convivência de que algumas crianças fazem parte. Depois, escreva na linha, da maneira que souber, o nome desse grupo.

CONVIVER BEM

JOGAR LIXO NO CHÃO.

COMPARTILHAR.

ILUSTRAÇÕES: HENRIQUE BRUM

AJUDAR OS COLEGAS.

BRIGAR.

▼ Em sua opinião, o que é preciso fazer para ter boa convivência com as pessoas?

Observe as imagens e pinte as que mostram boas atitudes.

▼ Quais atitudes você pintou? Como esses gestos contribuem para a boa convivência?

Comente com os colegas e o professor.

▶ VAMOS CANTAR E FAZER GESTOS

SAI, PIABA

SAI, SAI, SAI, Ô PIABA
SAIA DA LAGOA

PÕE A MÃO NA CABEÇA,
PÕE A MÃO NO UMBIGO,
DÁ UM REMELEXO NO CORPO
E DÁ UM ABRAÇO NO AMIGO.

CANTIGA.

ILUSTRAÇÕES: HENRIQUE BRUM

▼ Em sua opinião, é bom ter amigos?
▼ Quem são seus melhores amigos?

Cante e dance a cantiga com os colegas e o professor. Depois, escolha um amigo e desenhe-o em uma folha à parte. Escreva o nome dele da maneira que souber e apresente-o à turma.

▶ NO MEU TEMPO ERA TUDO DIFERENTE

NO MEU TEMPO DE CRIANÇA, A VIDA ERA DIFERENTE. AS CRIANÇAS PODIAM BRINCAR NA RUA TRANQUILAMENTE, BRINCADEIRAS DE TODO TIPO: PEGA-PEGA, ESCONDE-ESCONDE, POLÍCIA E LADRÃO... NOSSA, QUANTA IMAGINAÇÃO!

EU BRINCAVA TAMBÉM DE AMARELINHA, DE RODA, DE PULAR CORDA. ERA UM TEMPO BOM, DE MUITA DIVERSÃO!

TEXTO ESCRITO ESPECIALMENTE PARA ESTA OBRA.

▼ Onde você mora é possível brincar na rua tranquilamente?
▼ Do que você mais gosta de brincar?

Ouça a leitura do professor. Depois, observe as brincadeiras e ligue-as às sombras.

OUTRO TEMPO, OUTRO JEITO

SEMELHANÇA: _____

DIFERENÇA: _____

▼ Você gosta de brincar? Do que você costuma brincar?
▼ Do que estão brincando as crianças nas fotografias?

Observe as imagens e escreva uma semelhança e uma diferença entre elas. Depois, faça uma pesquisa com pessoas mais velhas para saber como eram os brinquedos e as brincadeiras da infância delas. Represente sua pesquisa fazendo um desenho em uma folha à parte.

MEUS VIZINHOS

CASA DO VIZINHO

NA CASA DO VIZINHO
A COMIDA É MAIS GOSTOSA
A MÃE É MENOS CHATA
TUDO TEM OUTRO ENCANTO E SABOR.

NA CASA DO VIZINHO
TUDO É MUITO MAIS BONITO,
ATÉ A GENTE, QUANDO SE OLHA NO ESPELHO,
SE ACHA DIFERENTE.

NA CASA DO VIZINHO
A GENTE ENTRA E SAI DE FININHO.

ROSEANA MURRAY. **CASAS**. SÃO PAULO: FORMATO EDITORIAL, 2009. P. 15.

- ▼ Você conhece seus vizinhos?
  Acompanhe a leitura do professor e observe a imagem.
- ▼ O que a menina está olhando?
- ▼ Como podemos saber que a casa é do vizinho?
  Cubra os tracejados para completar a cena. Depois, pinte-a.

VIZINHOS DE LUCAS

- LUCAS GOSTA DE JOGAR BOLA COM GABRIEL, QUE MORA NO APARTAMENTO ACIMA DO SEU.
- FELIPE, QUE MORA NO APARTAMENTO EMBAIXO DO DE LUCAS, GOSTA DE BRINCAR COM JOGOS DE MONTAR.
- SEMPRE QUE PODE, LUCAS JOGA VIDEO GAME COM MARIANA, QUE MORA NO APARTAMENTO À DIREITA DO DELE.
- BIA É UMA NOVA VIZINHA, ELA ACABOU DE SE MUDAR PARA O APARTAMENTO À ESQUERDA DO APARTAMENTO DE LUCAS.

▼ Vamos encontrar os amigos de Lucas?
Veja: Lucas está na janela de seu apartamento. Agora, ouça a leitura do professor e desenhe, nas janelas do prédio, os amigos de Lucas.

TAREFA PARA CASA 6

▶ TER AMIGOS É...

TER AMIGOS É MUITO BOM!
COM ELES, PODEMOS BRINCAR,
CRIAR, RIR E INVENTAR.

TER AMIGOS É DIVERTIDO!
COM ELES NOSSO DIA
FICA MUITO MAIS COLORIDO.

PODEMOS VIAJAR
NO MUNDO DA IMAGINAÇÃO
E VIVER GRANDES AVENTURAS
CHEIAS DE EMOÇÃO.

TEXTO ESCRITO ESPECIALMENTE PARA ESTA OBRA.

▼ Você tem amigos na vizinhança? Costuma brincar na casa deles?
▼ O que você gosta de fazer com seus amigos da escola?
 Ouça a leitura do texto. Depois, desenhe você e um amigo fazendo algo juntos. Escreva como souber o nome dele e apresente seu desenho aos colegas.

UNIDADE 4
TUDO MUDA, TUDO SE TRANSFORMA

- Que lugar é esse?
- Qual imagem é antiga e qual é atual?
Com canetinha hidrocor, contorne dois itens que mudaram ao longo do tempo.
- Em sua opinião, por que as coisas mudam e se transformam?
Converse com os colegas e o professor sobre o assunto.

AS PESSOAS TAMBÉM MUDAM

TUDO MUDA O TEMPO TODO. AS MUDANÇAS FAZEM PARTE DA NOSSA HISTÓRIA. ELAS NÃO PARAM. MARCAM E MOSTRAM A PASSAGEM DO TEMPO.

▼ O que muda em uma pessoa com o passar dos anos?

Destaque as imagens da página 189 do encarte e observe as diferentes fases da vida de uma pessoa. Depois, cole-as na ordem correta para indicar a passagem do tempo.

Converse com os colegas e o professor sobre esse assunto.

OUTROS TEMPOS, OUTROS JEITOS

DAN KOSMAYER/SHUTTERSTOCK.COM

KROLYA25/SHUTTERSTOCK.COM

CHRIS WILLSON/ALAMY/FOTOARENA

VIKTOR1/SHUTTERSTOCK.COM

KAISPHOTO/ISTOCKPHOTO.COM

OMNIABALBAA/SHUTTERSTOCK.COM

▼ Você já viu um brinquedo antigo?

Observe as imagens e circule de **verde** os brinquedos antigos e de **azul** os brinquedos atuais.

▼ Quais diferenças você percebe entre os brinquedos antigos e os atuais? Comente com os colegas e o professor.

▸ COISAS SIMPLES VIRAM BRINQUEDO

ANTIGAMENTE, ERA COMUM CRIANÇAS E ADULTOS PRODUZIREM BRINQUEDOS COM MATERIAIS DISPONÍVEIS EM CASA.

- ▼ Você já viu esses brinquedos?
- ▼ De que eles são feitos?
  Ligue os brinquedos aos materiais usados para produzi-los.
- ▼ Você já produziu um brinquedo em casa ou na escola? Comente com os colegas e o professor.

TAREFA PARA CASA 7

HISTÓRIA DE OUTROS TEMPOS

[...] LEVANTAVA DE MADRUGADA, TRABALHAVA O DIA INTEIRINHO, DE NOITE ACENDIA CINCO FERROS DE CARVÃO PARA ENGOMAR A ROUPA DE LINHO QUE TINHA DE PASSAR TUDO ÚMIDO: EU LARGAVA UM FERRO, PEGAVA OUTRO, LARGAVA UM, PEGAVA OUTRO. [...]

RELATO DE DONA RISOLETA, NASCIDA NO ANO DE 1900. ECLÉA BOSI. **MEMÓRIA E SOCIEDADE: LEMBRANÇAS DE VELHOS**. SÃO PAULO: COMPANHIA DAS LETRAS, 1994. P. 371.

▼ Você gosta de ouvir histórias contadas por pessoas mais velhas?

Ouça o relato de uma senhora nascida há muito tempo, no ano de 1900. Depois, converse com os colegas e o professor sobre o assunto.

Observe as imagens, identifique-as e circule apenas a que retrata o objeto citado no texto.

OS MEIOS DE TRANSPORTE MUDAM COM TEMPO

PASSAGEIROS EMBARCAM EM BONDE. SÃO PAULO, 1933.

VEÍCULO LEVE SOBRE TRILHOS (VLT) TRAFEGANDO PELA AVENIDA RIO BRANCO. RIO DE JANEIRO, 2018.

▼ Essa imagem é antiga ou atual?
▼ Você conhece esse meio de transporte?
   Destaque as peças da página 191 do encarte e monte o quebra-cabeça.
▼ Qual meio de transporte você montou?
▼ Ele é antigo ou atual?

PARA QUE SERVEM OS MEIOS DE TRANSPORTE?

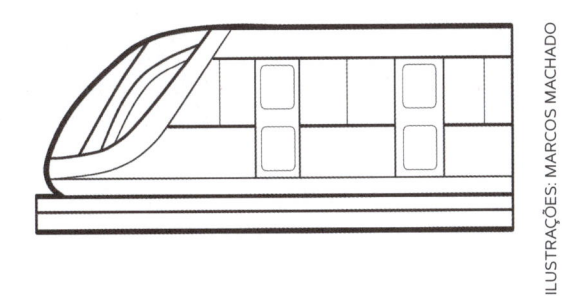

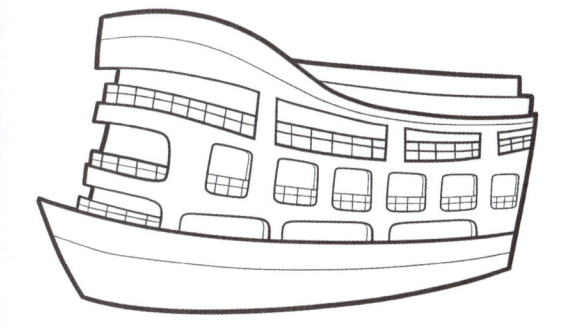

ILUSTRAÇÕES: MARCOS MACHADO

▼ Você conhece esses meios de transporte?
Pinte os meios de transporte que você e sua família já utilizaram.
▼ Você utiliza algum meio de transporte para vir à escola?
Comente com os colegas e o professor.

UMA GRANDE INVENÇÃO!

ESTE MEIO DE TRANSPORTE FOI INVENTADO POR UM BRASILEIRO CHAMADO ALBERTO SANTOS DUMONT.

Destaque as peças da página 191 do encarte e cole-as acima para montar um meio de transporte. Depois, escreva o nome dele no quadro, da maneira que souber.
▼ Você já usou esse transporte ou gostaria de usá-lo?
▼ Em sua opinião, essa invenção mudou muito com o passar do tempo?

▶ PRA LÁ E PRA CÁ...

O TREM

VAI QUE VAI, VEM QUE VEM,
FAZ O BALANÇO DO TREM.
A MENINA, COM O NARIZ
ACHATADO NA VIDRAÇA,
ENLAÇA A PAISAGEM
COM SEU OLHAR ENCANTADO.

VEM TAMBÉM, VEM TAMBÉM,
FAZ O BALANÇO DO TREM.
NA BOLSA A MENINA LEVA
PÉROLAS COLORIDAS,
GIRASSÓIS E MARGARIDAS,
ANÕEZINHOS DE VOZ FINA
E AFINADAS FLAUTAS MÁGICAS.

ROSEANA MURRAY. **FARDO DE CARINHO**.
BELO HORIZONTE: LÊ, 1993. P. 29.

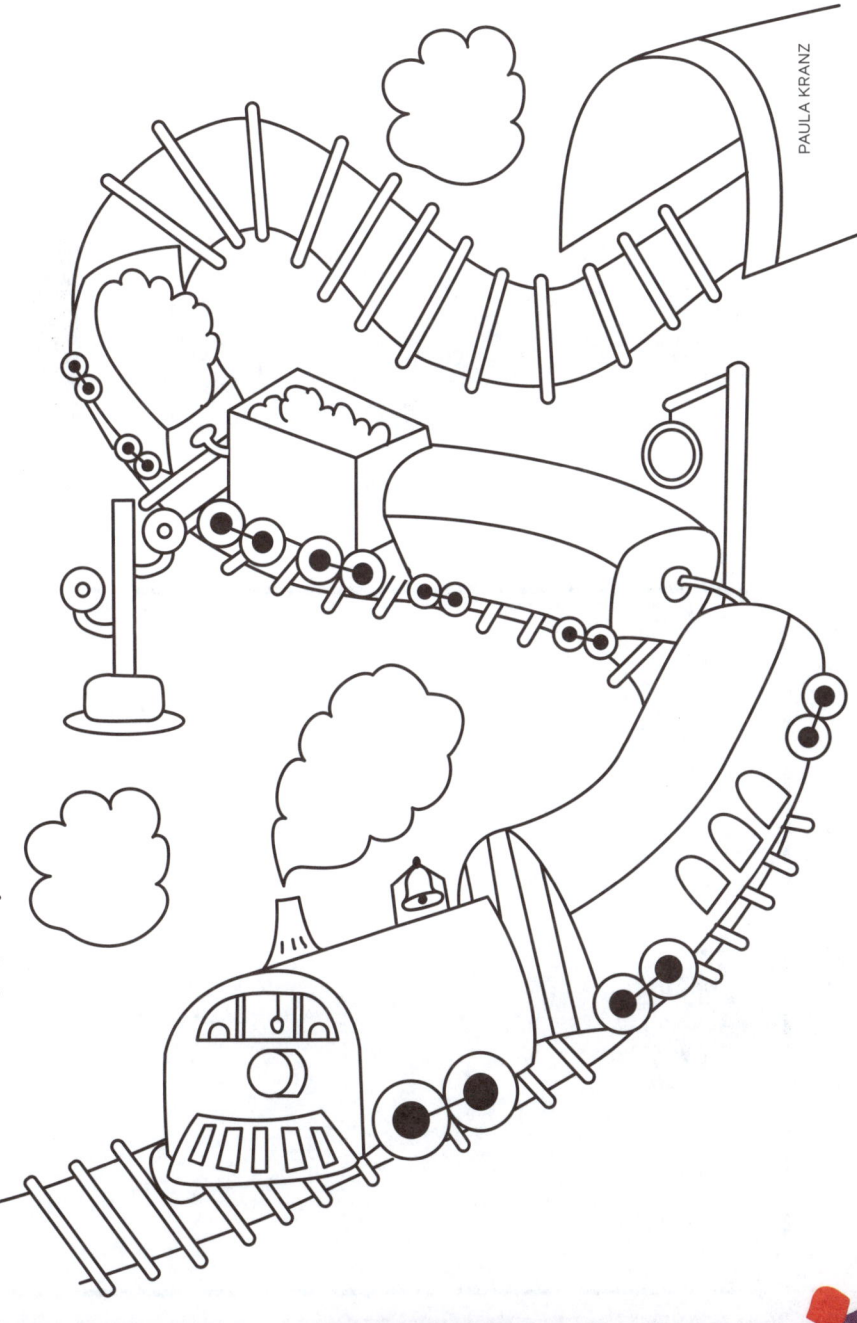

PAULA KRANZ

Acompanhe a leitura do professor e descubra de qual meio de transporte o poema trata. Depois, pinte a imagem.
- ▼ Como os trens se locomovem?
- ▼ Existem trens em sua cidade?
- ▼ Que outro meio de transporte pode levar muitas pessoas ao mesmo tempo?

RARIDADES PELAS RUAS

OS AUTOMÓVEIS SURGIRAM HÁ MUITO TEMPO, MAS NEM SEMPRE FORAM COMO SÃO ATUALMENTE.

BETTMANN ARCHIVE/GETTY IMAGES

ALEX SILVA/ESTADÃO CONTEÚDO/AE

▼ As imagens mostram veículos antigos ou atuais?
▼ Onde você mora é comum ver esse tipo de carro nas ruas?

Recorte de jornais e revistas imagens de carros atuais e cole-as no quadro. Depois, compare os modelos antigos com os atuais para perceber as mudanças e as permanências.

COMO ERA ANTES DOS CARROS?

NO TEMPO DOS MEUS BISAVÓS NÃO EXISTIA CARRO NEM MOTO. PARA IR DE UM LUGAR A OUTRO, QUANDO AS DISTÂNCIAS ERAM MUITO GRANDES, AS PESSOAS VIAJAVAM A CAVALO OU USAVAM CHARRETES.

NYE RIBEIRO. **NO TEMPO DOS MEUS BISAVÓS**. SÃO PAULO: EDITORA DO BRASIL, 2013. P. 18.

ILUSTRAÇÕES: ALEXANDRE MATOS

▼ Você sabe quais meios de transporte eram utilizados antes da invenção dos carros e das motos?

Ouça a leitura do professor e pinte os meios de transporte mencionados no texto.

▼ Você já viu um desses veículos? Será que eles ainda são utilizados nos dias de hoje?

CUIDADO NO TRÂNSITO

ALGUNS MOTORISTAS E PEDESTRES NÃO AGEM CORRETAMENTE NO TRÂNSITO.

Hoje em dia, muitos veículos circulam todos os dias pelas cidades. Por isso, é necessário ter cuidado no trânsito.

Observe as cenas. Circule a atitude correta e marque um **X** na atitude errada.

▼ Quais cuidados devemos tomar quando andamos de carro ou a pé pelas ruas? Comente com os colegas e o professor.

OS INDÍGENAS E OS TRANSPORTES

RIO É IGUAL CAMINHO.
A GENTE SOBE E DESCE O RIO,
INDO DE CÁ PRA LÁ, DE LÁ PRA CÁ.

NO RIO, NÓS ANDAMOS DE CANOA.
NA CANOA NÓS REMAMOS DURO.
NÓS TAMBÉM VIAJAMOS DE ZINGA.

ANTIGAMENTE, SÓ TINHA CANOA DE PAU,
REMO DE PAU.
AGORA, NÓS CONHECEMOS VOADEIRA.
VOADEIRA TEM MOTOR. [...]

EUNICE D. DE PAULA, LUIZ G. DE PAULA E ELIZABETH AMARANTE. **HISTÓRIA DOS POVOS INDÍGENAS – 500 ANOS DE LUTA NO BRASIL**. 6. ED. RIO DE JANEIRO: VOZES. P. 33.

▼ Será que os indígenas que vivem em aldeias também utilizam meios de transporte? Acompanhe a leitura do professor.
▼ Que transportes você descobriu?
Desenhe, ao redor do texto, o meio de transporte que esses indígenas usavam antigamente.

ADIVINHE SE PUDER

QUEM VAI E VEM UM JEITO SEMPRE TEM

PARA IR À PADARIA,

USO MINHA _____.

ELLEN PESTILI. **QUEM VAI E VEM UM JEITO SEMPRE TEM**. SÃO PAULO: EDITORA DO BRASIL, 2013. P. 4.

Todos os dias, o pai de Joaquim vai à padaria.
▼ Qual meio de transporte ele usa?
Ouça a leitura do professor. Depois, cubra o tracejado e complete o texto com o nome do meio de transporte que você descobriu.
▼ Você já usou esse meio de transporte?

MEIOS DE COMUNICAÇÃO

TELEVISÃO – RÁDIO – TELEFONE

▼ Para que servem os aparelhos representados?
▼ Esses aparelhos de comunicação são atuais ou antigos?
   Leia, com a ajuda do professor, os nomes escritos no quadro. Depois, escreva-os ao lado dos objetos que eles nomeiam.

TAREFA PARA CASA 8

▶ **EU ME COMUNICO**

▼ Que meio de comunicação você mais utiliza no dia a dia?
Desenhe-o usando canetinha hidrocor.
▼ Como é o passo a passo para usá-lo?
▼ Para que você o utiliza?

ADIVINHE ESSA!

É UM MEIO DE COMUNICAÇÃO QUE TRANSMITE SOM. APRESENTA UMA PROGRAMAÇÃO DIVERSIFICADA, COM MÚSICAS, NOTÍCIAS E PROPAGANDAS.

ESTE MEIO DE COMUNICAÇÃO NOS POSSIBILITA VER E OUVIR NOTÍCIAS E PROGRAMAS DE ENTRETENIMENTO.

NESTE MEIO DE COMUNICAÇÃO PODEMOS LER NOTÍCIAS. GERALMENTE É DIVIDIDO EM CADERNOS TEMÁTICOS.

ILUSTRAÇÕES: LUIZ LENTINI

▼ Você gosta de ouvir a programação do rádio?
▼ Em sua casa, alguém lê jornal?
▼ Qual é seu programa de televisão favorito?

Ouça as pistas que o professor lerá e ligue-as ao meio de comunicação correspondente a elas. Depois, pinte as imagens.

▶ PARA LER E CONHECER

ESTE MEIO DE COMUNICAÇÃO NOS POSSIBILITA LER E VIAJAR PELO MUNDO DA IMAGINAÇÃO. TUDO ISSO SEM SAIR DO LUGAR.

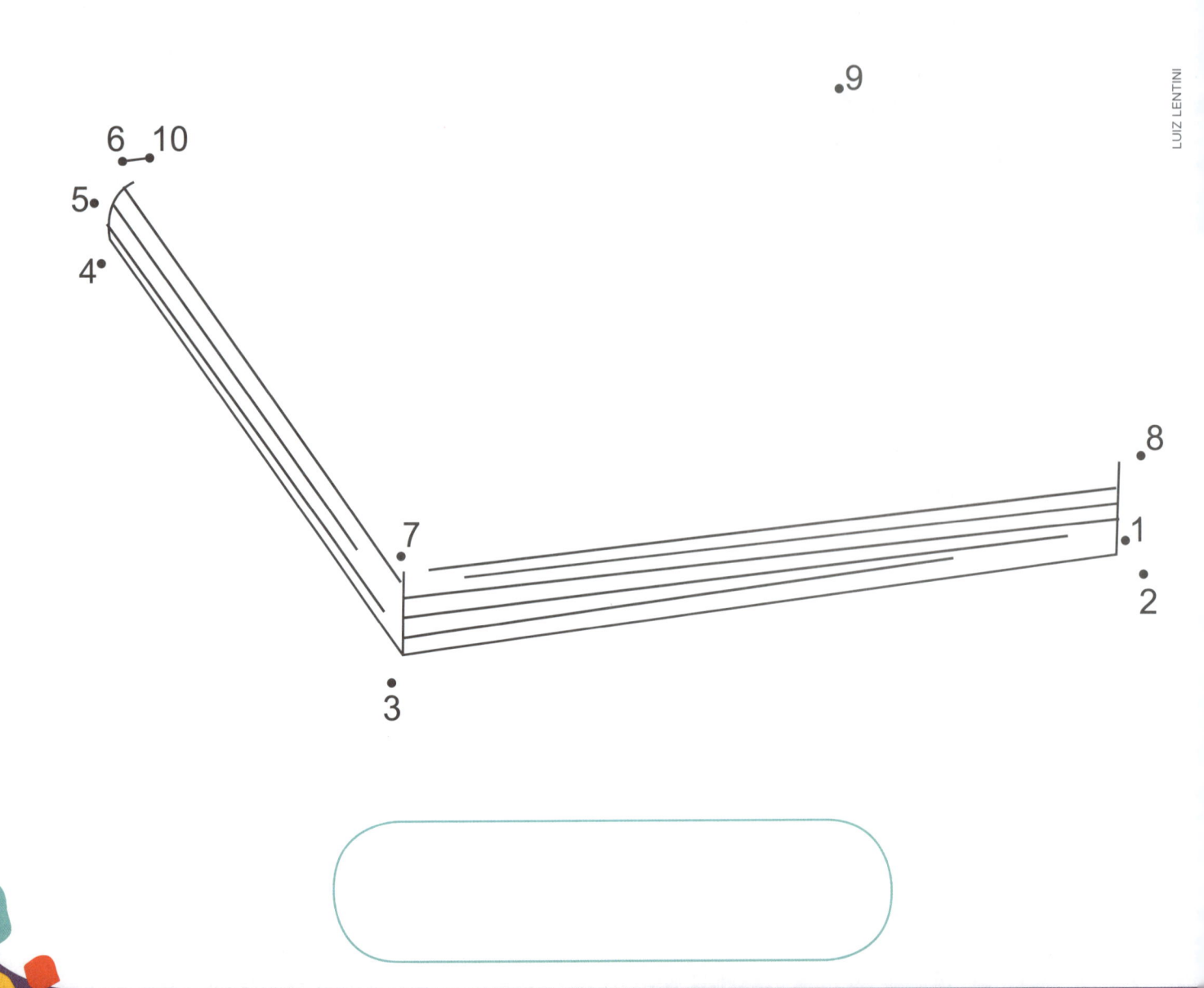

LUIZ LENTINI

Ligue os pontos e descubra outro meio de comunicação. Depois, escreva o nome dele no quadro da maneira que souber.
▼ Você gosta de ler? Qual é seu livro favorito?

PERÍODOS DO DIA

O DIA É DIVIDIDO EM **MANHÃ**, **TARDE** E **NOITE**.

PRIMEIRA ATIVIDADE DO DIA

ÚLTIMA ATIVIDADE DO DIA

▼ Como você costuma dividir suas tarefas ao longo do dia?
  Conte aos colegas e ao professor qual é a primeira atividade que você faz ao acordar e qual é a última atividade que faz antes de dormir. Desenhe-as nos quadros.
▼ Em qual período do dia você vai à escola?

DIA A DIA

1. MANHÃ   2. TARDE   3. NOITE

BRUNO ACORDA CEDO PARA IR À ESCOLA.

ELE ESTUDA NO PERÍODO DA MANHÃ.

À TARDE, BRUNO FREQUENTA UMA ESCOLINHA DE FUTEBOL.

QUANDO A NOITE CHEGA, BRUNO ESCOVA OS DENTES E SE PREPARA PARA DORMIR.

Identifique em qual período do dia Bruno realiza cada atividade apresentada e numere as cenas de acordo com a legenda.

▼ O que Bruno faz depois de acordar?
▼ O que podemos ver no céu durante o dia? E durante a noite?

▶ MARCANDO O TEMPO

O RELÓGIO MARCA A PASSAGEM DO TEMPO DE UM DIA POR MEIO DAS HORAS. UM DIA TEM 24 HORAS.

O CALENDÁRIO MARCA OS DIAS DA SEMANA, OS MESES E OS ANOS.

JUNHO – 2021

DOMINGO	SEGUNDA-FEIRA	TERÇA-FEIRA	QUARTA-FEIRA	QUINTA-FEIRA	SEXTA-FEIRA	SÁBADO
		1	2	3	4	5
6	7	8	9	10	11	12
13	14	15	16	17	18	19
20	21	22	23	24	25	26
27	28	29	30			

ILUSTRAÇÕES: LUIZ LENTINI

▼ Como podemos marcar a passagem do tempo?
▼ Você já viu pessoas utilizando esses objetos?

Pinte no calendário os dias da semana em que você frequenta a escola.

UNIDADE 5

A CRIANÇA E OS ESPAÇOS

Observe a imagem.

- Como é a rua que aparece na cena?
- Que espaços você identifica nela? Pinte as construções para completar a cena.

DAYANE RAVEN

99

AS MORADIAS SÃO DIFERENTES

▼ Que tipos de moradia você identifica nas imagens?
▼ No lugar onde você mora, existem moradias como essas? Circule as moradias que existem no lugar onde você mora.

100

A MORADIA DE CADA UM

> EU MORO EM UMA CASA COM JARDIM.

> EU MORO EM UM APARTAMENTO PEQUENO.

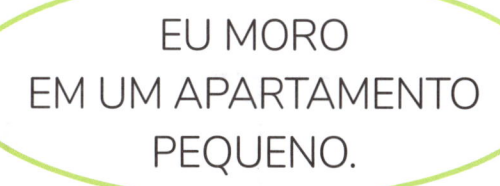

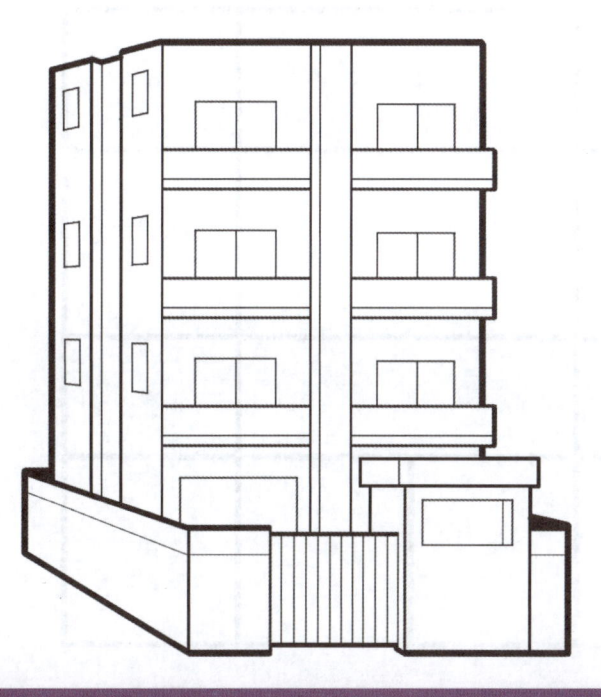

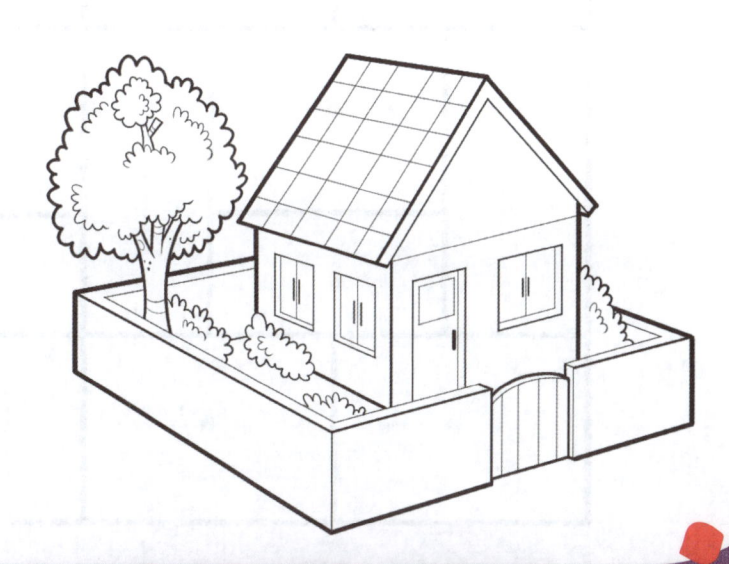

ILUSTRAÇÕES: MARCOS MACHADO

Sofia e Tiago são vizinhos. Ouça a leitura do professor e pinte de **amarelo** a moradia de Sofia e de **verde** a moradia de Tiago.

▼ E você, mora em uma casa ou em um apartamento?
▼ Que tipo de moradia há na rua onde você mora?

QUE LUGAR É ESTE?

TODAS AS PESSOAS PRECISAM DE UM LUGAR PARA MORAR.

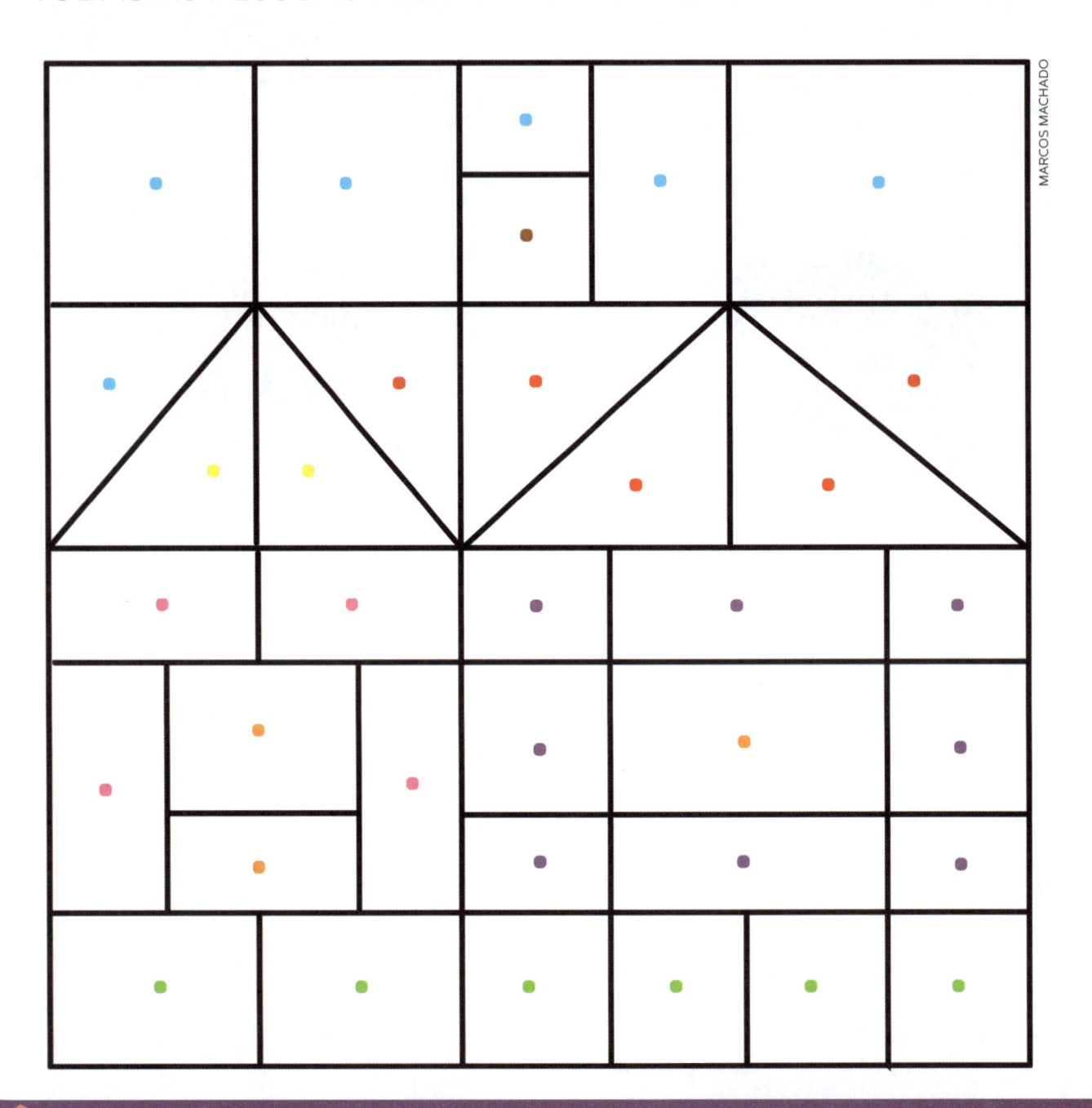

MARCOS MACHADO

Pinte os espaços com pontinhos nas cores indicadas e descubra uma moradia.

▼ Que moradia você descobriu?
▼ Como é o lugar em que você mora?

Conte aos colegas e ao professor como é sua moradia.

CADA CÔMODO TEM UMA FUNÇÃO

▼ Que cômodos geralmente há em uma casa?
▼ Para que os utilizamos?
▼ Quantos cômodos há na casa desta página?
  Observe as ações de Laura e ligue cada uma ao cômodo da casa em que ela geralmente ocorre.

MINHA CASA POR DENTRO

- ONDE EU DURMO

- ONDE EU FAÇO AS REFEIÇÕES

▼ Como é sua casa por dentro?
Faça um desenho para representar o lugar de sua casa onde você dorme e o lugar onde faz as refeições.

COMO AS CASAS SÃO CONSTRUÍDAS?

NA CONSTRUÇÃO DE CASAS E PRÉDIOS SÃO UTILIZADOS DIVERSOS MATERIAIS.

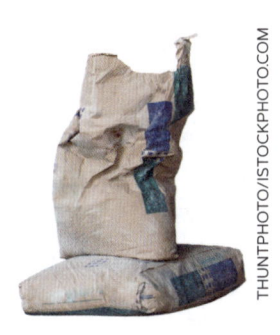

- ▼ Você sabe como as casas são construídas?
- ▼ Quais materiais são utilizados para construir uma casa de alvenaria? E uma de madeira?
  Ligue os materiais à casa que é construída com eles.

QUEM CONSTRÓI AS CASAS?

MÉDICA ELETRICISTA ENGENHEIRO PEDREIRO

ENCANADOR BOMBEIRO COZINHEIRA PINTOR

ILUSTRAÇÕES: HENRIQUE BRUM

▼ Você sabe quais profissionais são necessários para construir uma casa adequadamente?

Leia o nome de alguns profissionais com a ajuda do professor.

Depois, pinte somente os que, geralmente, trabalham na construção de casas.

O QUE HÁ NA SUA RUA?

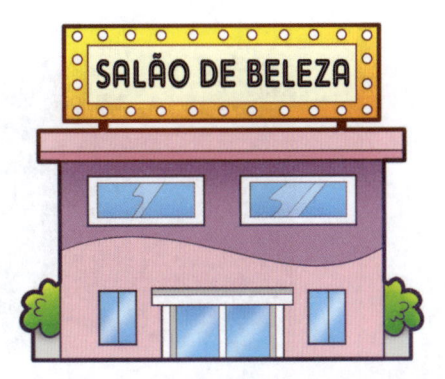

- ▼ Quais desses estabelecimentos comerciais há em sua rua?
  Observe as imagens e converse com os colegas e o professor sobre eles. Em seguida, marque um **X** nos estabelecimentos que há em sua rua.
- ▼ Que outros estabelecimentos comerciais há em sua rua? Conte aos colegas e ao professor.

MINHA RUA É ASSIM

EXISTEM RUAS **BEM MOVIMENTADAS** E RUAS MAIS TRANQUILAS, COM **POUCO MOVIMENTO**.

ROGÉRIO REIS/PULSAR IMAGENS

MAURICIO SIMONETTI/PULSAR IMAGENS

▼ Como é a rua onde você mora? Tranquila ou movimentada?

Observe as imagens e pinte a moldura da imagem que representa como é a sua rua.

TODA RUA TEM UM NOME

Observe a placa de rua.
▼ Para que ela serve?
▼ Você já viu uma placa como essa?
▼ Qual é o nome dessa rua?
Escreva no quadro o nome de sua rua da maneira que souber.
▼ Por que é importante saber o endereço de casa?

ONDE ELES TRABALHAM?

▼ Quais profissionais você consegue identificar?
▼ Onde eles trabalham?
Leve cada profissional a seu local de trabalho.

SER CIDADÃO

CIDADANIA É QUANDO...

... SEI DAR VALOR
A QUEM TRABALHA
COM MUITO AMOR
SEJA ONDE FOR
PRA QUE O MUNDO
SEJA MELHOR

VIVA O LIXEIRO!
VIVA O PADEIRO!
VIVA O DOUTOR!
E O ENCANADOR!

NÍLSON JOSÉ MACHADO.
CIDADANIA É QUANDO...
SÃO PAULO: ESCRITURAS,
2001. P. 24 E 25.

ILUSTRAÇÕES: HENRIQUE BRUM

Acompanhe a leitura do professor e aprenda o que é cidadania. Depois, pinte as imagens que representam os profissionais citados no texto.
▼ Por que o texto valoriza os profissionais em geral?
▼ Como o trabalho de outra pessoa pode nos ajudar?

TAREFA PARA CASA 9

E NO CAMINHO DA ESCOLA?

CUIDADO, CRIANÇA

CRIANÇA, CUIDADO, QUANDO ATRAVESSAR
UMA AVENIDA OU UMA RUA QUALQUER,
OLHE PR'UM LADO, OLHE PRO OUTRO,
VOCÊ PODE SER ATROPELADA.

ANDE SOMENTE PELA CALÇADA,
ANDE CONTENTE SEM SE MACHUCAR.
MUITA ATENÇÃO ANTES DE ATRAVESSAR,
OLHE O FAROL, ESPERE O SINAL FECHAR. [...]

NEWTON HELITON DE OLIVEIRA. **COISAS DE CRIANÇA**. SÃO PAULO: PAULINAS, 2004. P. 6. (COMEP)

▼ Você já observou que pelas ruas circulam pessoas e veículos?

Acompanhe a leitura do professor e converse com os colegas sobre as regras que existem para que o trânsito funcione bem e todos tenham segurança.

Depois, destaque as figuras da página 193 do encarte e cole acima apenas a que mostra uma atitude correta no trânsito.

SEGUINDO AS REGRAS

▼ Que regras os pedestres devem respeitar para circular pelas ruas?

Observe a cena e descubra os locais em que os pedestres podem transitar. Depois, destaque as figuras de pessoas da página 185 do encarte e cole-as nos locais apropriados, de acordo com as regras de trânsito.

OS PROFISSIONAIS QUE TRABALHAM NAS RUAS

CARTEIRO   GUARDA DE TRÂNSITO
GARI   PIPOQUEIRO

Observe a cena e circule quatro profissionais que trabalham na rua.
▼ Você já viu algum desses profissionais?
▼ Você conhece outros profissionais que trabalham na rua?

▶ O CAMINHO PARA A ESCOLA

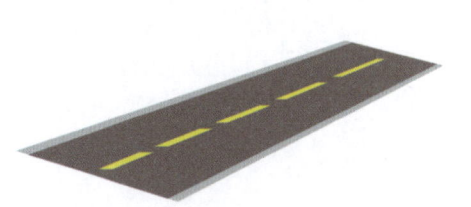

ILUSTRAÇÕES: LUIZ LENTINI

Marque com um **X** tudo que você vê no caminho que faz de sua casa para a escola.
▼ Você costuma ir para a escola a pé ou usando algum meio de transporte?
▼ Você mora perto ou longe da escola?

▶ MINHA ESCOLA É...

PEQUENA ☐

GRANDE ☐

NOVA ☐

ANTIGA ☐

ILUSTRAÇÕES: DAYANE RAVEN

▼ Como é sua escola?
  Pinte os quadradinhos de acordo com as características dela.

▼ Onde fica sua escola?
  Com a ajuda do professor, escreva o nome da rua em que está localizada sua escola.

MATERIAL ESCOLAR

ILUSTRAÇÕES: LUIZ LENTINI

▼ Que materiais você costuma levar para a escola? Entre os que aparecem acima, pinte somente os que você leva.

▼ Há algum material que você utiliza e não apareceu nas imagens?

117

ATIVIDADES NA ESCOLA

▼ Quais atividades você faz na escola?
▼ Qual atividade você mais gosta de fazer?

Desenhe a atividade que você mais gosta de fazer na escola. Depois, mostre seu desenho aos colegas e ao professor.

O AMBIENTE DA ESCOLA

VOCÊ PODE AJUDAR A MANTER OS AMBIENTES DA ESCOLA LIMPOS E BEM CUIDADOS.

ILUSTRAÇÕES: DAYANE RAVEN

▼ O que devemos fazer para manter a escola limpa e organizada?

Pinte as cenas que mostram as crianças ajudando a cuidar do ambiente da escola.

▼ Como você cuida dos ambientes da sua escola?

▶ **MEU PROFESSOR**

Faça um desenho que represente seu professor.
▼ Que coisas interessantes você aprendeu com a ajuda dele?
▼ O que mais gostaria de aprender?

MEUS COLEGAS DE TURMA

▼ Quem são seus colegas de turma?
▼ Você sabe escrever o nome deles?

Com a ajuda do professor, escreva o nome de alguns colegas que estudam na mesma sala que você.

TAREFA PARA CASA 10

UNIDADE 6

TUDO QUE A VISTA ALCANÇA

Esta é a paisagem que Júlia vê da janela de seu quarto. Destaque as peças da página 185 do encarte e cole-as na cena para completá-la.

- Onde Júlia mora? Na cidade ou no campo?
- Quais elementos da paisagem são naturais? E quais foram construídos por seres humanos?
- Como é o lugar em que você mora?
- Como é a paisagem que você vê de sua casa?

A PAISAGEM NA ESCOLA

PAISAGEM DA MINHA ESCOLA: _____

_____

_____

_____

Destaque a peça da página 193 e cole-a para completar a imagem.
- Que lugar é esse?
- Que elementos há nessa paisagem?
- E na sua escola? Como é a paisagem que você vê do lado de fora da sala?

Com os colegas e o professor, vá ao pátio da escola, observe a paisagem e escreva nas linhas os elementos que você encontrou.

DESCOBRINDO A PAISAGEM

EU MORO EM UM LUGAR RODEADO DE BELAS MONTANHAS.

MINHA CIDADE É RODEADA POR RIOS E MARES.

MORO NUMA CIDADE GRANDE, CHEIA DE PRÉDIOS ALTOS.

ILUSTRAÇÕES: MARCOS MACHADO

HANS VON MANTEUFFEL/PULSAR IMAGENS

VINICIUS BACARIN/SHUTTERSTOCK.COM

MAURICIO SIMONETTI/PULSAR IMAGENS

Ouça a leitura do professor e ligue as crianças aos lugares em que vivem.

▼ Esses lugares se parecem com a cidade em que você mora?
▼ Você já viu paisagens como estas?

Converse a respeito com os colegas e o professor.

OUTRA PAISAGEM

NATUREZA

AS ÁRVORES DO MATO BALANÇAM
FORMIGAS TRABALHAM, NÃO CANSAM
QUANDO AS AVES VOAM
E OS VENTOS ENTOAM
OS NOSSOS OUVIDOS DESCANSAM. [...]

CÉSAR OBEID. **CRIANÇA POETA – QUADRAS, CORDÉIS E LIMERIQUES**. SÃO PAULO: EDITORA DO BRASIL, 2011. P. 22.

Acompanhe a leitura do professor e imagine como é essa paisagem. Depois, desenhe-a no quadro.
▼ Como é a paisagem que você desenhou?
▼ É uma paisagem natural?

PAISAGENS EM OUTROS LUGARES

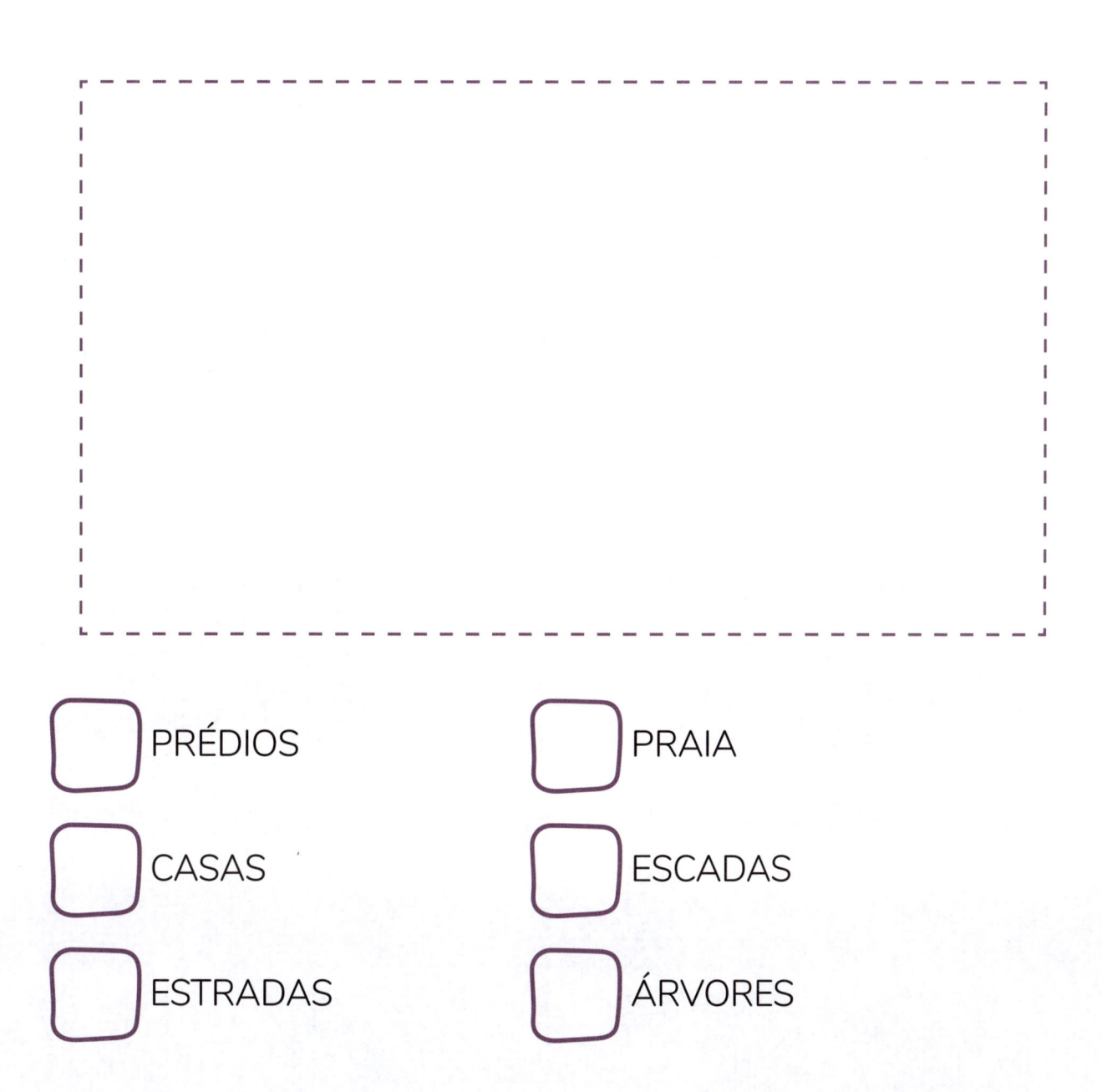

☐ PRÉDIOS ☐ PRAIA

☐ CASAS ☐ ESCADAS

☐ ESTRADAS ☐ ÁRVORES

Destaque as peças da página 195 do encarte e monte o quebra-cabeça que mostra uma paisagem brasileira.
▼ Você conhece esse lugar? Sabe onde fica?
▼ Como é a paisagem apresentada? Por que será que ela foi modificada pelos seres humanos?

Marque um **X** nos elementos construídos pelos seres humanos encontrados nessa paisagem.

QUE LUGAR É ESTE?

VIDA NO CAMPO

UMA VIDA NO CAMPO
SORTE DEMAIS DE ALGUÉM
QUEM VIVE NESTE CANTO
TUDO NA VIDA TEM
UM CAVALO BOM
UMAS VAQUINHAS
LEITE FORTE
CANTANDO A ALEGRIA PASSARINHOS NO QUINTAL
UMA VIOLA BOA E UM MATUTO APAIXONADO
CANTANDO POESIAS NO CREPÚSCULO DO SOL

VIDA NO CAMPO É MUITO MAIS NA VIDA
VIDA NO CAMPO O O [...]

DI PATRÍCIO (DENÍLSON PATRÍCIO).

ILUSTRAÇÕES: LUIZ LENTINI

> Ouça a leitura do professor e descubra um lugar em que as pessoas podem morar e trabalhar.
> ▼ Que lugar é esse?
> Pinte as imagens que ilustram a música.

COMO É A PAISAGEM NO CAMPO?

POR MEIO DAS PAISAGENS É POSSÍVEL PERCEBER QUE OS ESPAÇOS PODEM SER OCUPADOS DE DIFERENTES FORMAS.

GERSON GERLOFF/PULSAR IMAGENS

| CASA | ANIMAIS | PRÉDIO |

| RUAS | RIO | ÁRVORES |

▼ Observe a paisagem rural. Que elementos você identifica nela? Pinte as palavras que nomeiam os elementos dessa paisagem rural.

▼ Quais elementos são naturais? Quais foram construídos por seres humanos?

▼ É possível encontrar elementos da paisagem rural em paisagens urbanas? Converse com os colegas e o professor.

VIVER NO CAMPO

CAROLINA SARTÓRIO

Destaque as figuras da página 195 do encarte e cole-as na paisagem do campo para completá-la.

▼ Como ficou a paisagem que você montou? Quais são os elementos naturais que aparecem nela? Quais são os construídos pelos seres humanos?

Converse com os colegas e o professor sobre as modificações na paisagem do campo.

DE CASA PARA A ESCOLA

RAUL MORA EM UM SÍTIO E ESTUDA EM UMA ESCOLA RURAL.

EDILAINE BARROS/SHUTTERSTOCK.COM

JOÃO PRUDENTE/PULSAR IMAGENS

HELISSA GRUNDEMANN/SHUTTERSTOCK.COM

Observe as paisagens que Raul vê no caminho da escola.
▼ Que lugares são esses?
Escreva como souber o nome desses lugares.

FACILITANDO O CAMINHO

QUANDO PRECISAMOS IR A UM LUGAR QUE NÃO CONHECEMOS, PODEMOS NOS LOCALIZAR POR MEIO DE MAPAS, DE PLACAS DE SINALIZAÇÃO COLOCADAS NAS RUAS OU DE PONTOS DE REFERÊNCIA, QUE NORMALMENTE SÃO LUGARES COMUNS, DE FÁCIL IDENTIFICAÇÃO PELAS PESSOAS.

PAULA KRANZ

Observe o mapa na imagem e identifique os caminhos que levam ao mercado e à farmácia.

▼ Como você explicaria esses caminhos a uma pessoa? Que pontos usaria como referência?

Marque com um **X** os pontos de referência do caminho traçado em **vermelho** e circule os pontos de referência do caminho traçado em **azul**.

COMO CHEGAR À FESTA?

ESPERO VOCÊ
PARA COMEMORARMOS JUNTOS
MEU 5º ANIVERSÁRIO.

DATA: 23/11/2021
HORÁRIO: 15H00
LOCAL: RUA BAHIA, 39

RUA BAHIA
BANCO
MERCADO
AVENIDA DAS FLORES
+ HOSPITAL

CAROLINA SARTÓRIO

Imagine que você foi convidado para essa festa de aniversário.
▼ Com base nos dados do convite e no mapa, você saberia chegar ao local da festa?
Com a ajuda do professor, encontre o local no mapa e marque com um **X** o nome da rua onde será a festa.

▶ ONDE A MENINA MORA?

MARIA É UMA MENINA MUITO FELIZ.

GOSTA DE BRINCAR, DE LER, DE MÚSICA, DA NATUREZA...

ELA MORA PERTO DA SERRA.

EM SUA CASA, HÁ MUITAS ÁRVORES: PEQUENAS, GRANDES, CHEINHAS, MAGRINHAS, MAS TODAS MUITO BONITAS E AMIGAS.

MARIA ATÉ CONVERSA COM ELAS E, QUANDO CONTA SUAS AVENTURAS, TEM A IMPRESSÃO DE QUE AS ÁRVORES ENTENDEM E ATÉ SORRIEM. [...]

ADÉLIA MARIA WOELLNER. **A MENINA DO VESTIDO DE FITAS**. CURITIBA: EDIÇÃO DO AUTOR, 2009. P. 3.

PAULA KRANZ

Ouça a leitura do professor. Depois, observe as imagens e pinte somente a que representa o lugar em que Maria mora.

▼ Você sabe o que é uma serra?
▼ Já visitou um lugar como esse?

TAREFA PARA CASA 11

COMO É A PAISAGEM DO LITORAL?

SOMAVARAPU MADHAVI/SHUTTERSTOCK.COM

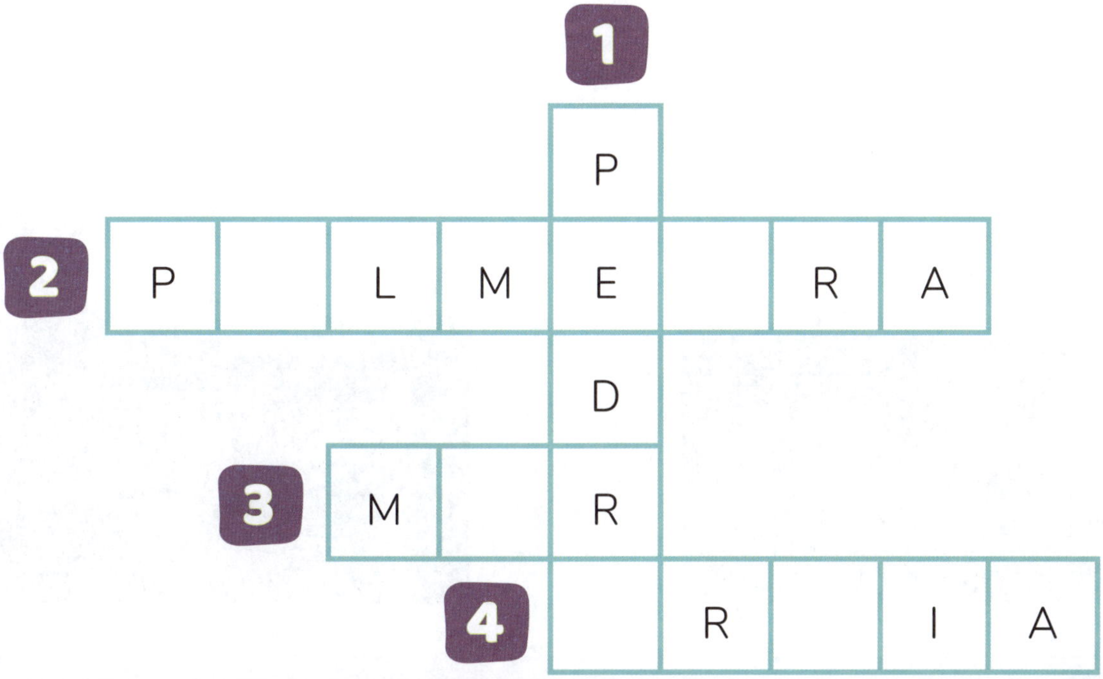

- O que você observa nessa fotografia? Que ambiente ela representa? Complete o diagrama e descubra alguns elementos naturais dessa paisagem.
- Essa paisagem é totalmente natural?
- Que elementos dessa paisagem foram construídos pelo ser humano?

LUGAR E PAISAGEM

TANTAS DESCOBERTAS

MODIFICAÇÕES NA PAISAGEM

AS MODIFICAÇÕES NA PAISAGEM SÃO DECORRENTES DA AÇÃO DOS SERES HUMANOS OU DOS ELEMENTOS NATURAIS.

KRISTI BLOKHIN/SHUTTERSTOCK.COM

CASSANDRA CURY/PULSAR IMAGENS

MOURÃO PANDA/FOTOARENA

ANDRE DIB/PULSAR IMAGENS

▼ Você sabe por que ocorrem mudanças na paisagem?

Observe as imagens e converse com os colegas e o professor para entender por que essas transformações ocorrem. Depois, pinte a moldura das imagens que mostram as interferências dos seres humanos nas paisagens.

▶ A ÁGUA EM NOSSA VIDA

A ÁGUA É UM ELEMENTO DA NATUREZA. CORRE POR ENTRE AS PEDRAS, PASSA POR FLORESTAS E MONTANHAS. COMEÇA EM UMA FONTE, "UM FIOZINHO DE ÁGUA", DEPOIS SE TRANSFORMA EM GRANDES RIOS, LAGOS E LAGOAS. TAMBÉM SE ESCONDE EMBAIXO DA TERRA E NO VAPOR DAS NUVENS.

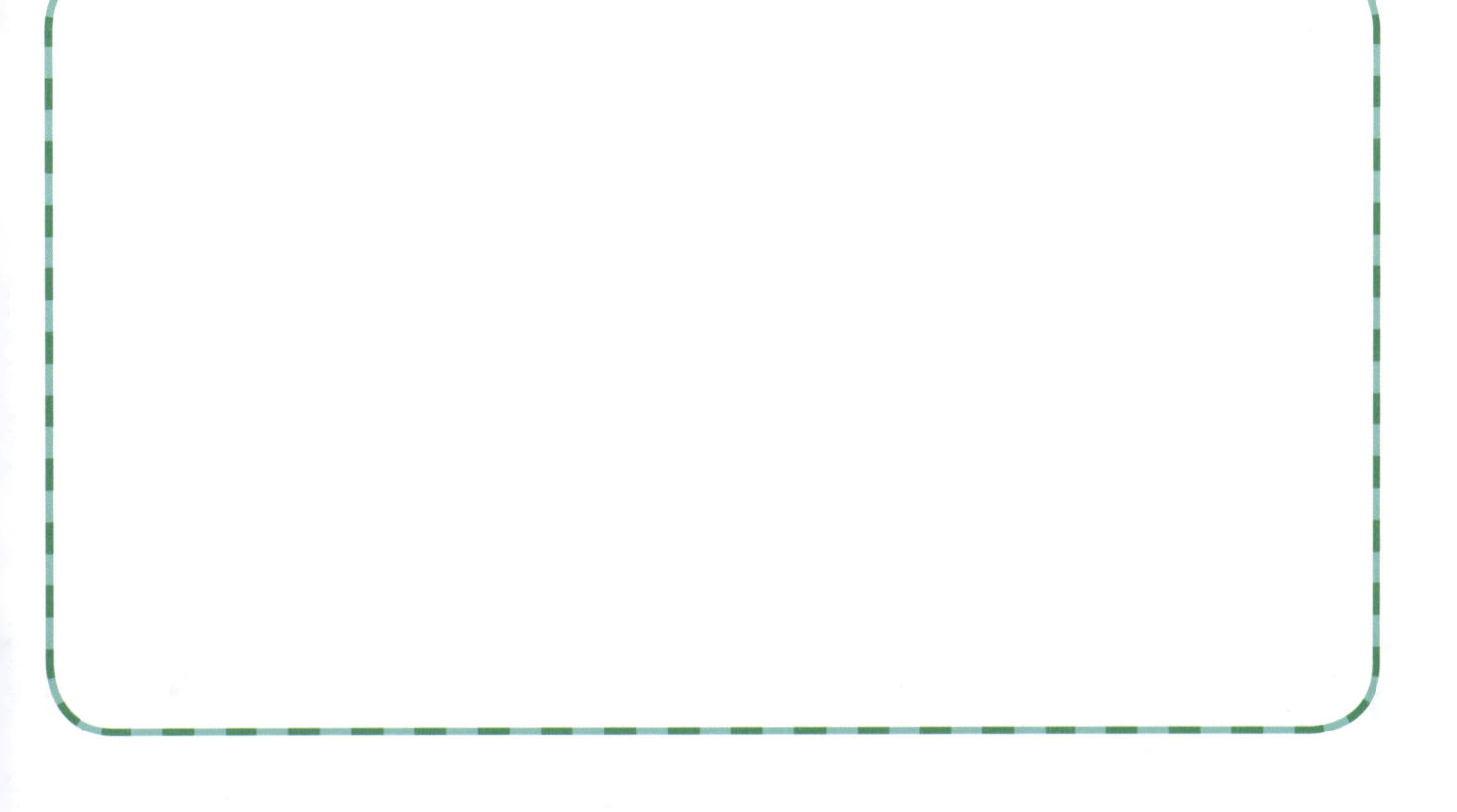

_____

_____

Ouça a leitura do professor.
▼ Por onde a água corre? Em sua opinião, ela modifica a paisagem por onde passa?

Recorte de jornais e revistas uma paisagem que tenha água. Depois, escreva como souber uma frase sobre a importância da água.

TAREFA PARA CASA 12

▶ COMO ESTÁ O TEMPO HOJE?

- ENSOLARADO
- PARCIALMENTE NUBLADO 
- PANCADA DE CHUVA 
- NUBLADO
- CHUVOSO 
- CHUVA COM GELO 

CAROLINA SARTÓRIO

Observe as imagens com atenção e identifique cada ícone da previsão do tempo.

▼ De qual situação ilustrada você mais gosta? Por quê?

Faça um desenho para representar como está o tempo hoje no local em que você se encontra.

AS PESSOAS E O TEMPO

PARA CADA TEMPERATURA, UMA ROUPA APROPRIADA.

CAROLINA SARTÓRIO

Destaque as peças de roupa da página 197 do encarte, escolha as que forem mais apropriadas, de acordo com o tempo que está fazendo hoje, e cole-as na menina para vesti-la.
▼ Como a variação de temperatura pode influenciar a vida das pessoas? Converse com o professor e os colegas sobre esse assunto.

VARIAÇÕES DO TEMPO

ÀS VEZES FAZ SOL FORTE, OUTRAS VEZES O TEMPO FICA NUBLADO, CHOVE OU AINDA PODE VENTAR FORTE. ALGUNS SINAIS NOS MOSTRAM A VARIAÇÃO DO TEMPO.

▼ Você já percebeu que a temperatura muda no decorrer dos dias?
▼ Você sabe por que isso ocorre?
Observe as fotografias com atenção. Depois, escreva nas linhas a característica do tempo em cada imagem.

▶ PARA REFLETIR

UM MUNDO LEGAL

PRECISAMOS DO PLANETA CUIDAR,
POIS ALGUMAS AMEAÇAS ESTÃO NO AR.
POLUIÇÃO, ÁRVORES A DERRUBAR
E O LIXO A SUJAR.
NÃO VAMOS POLUIR
O RIO, O AR E O MAR.
AS PESSOAS VÃO SORRIR
E A SAÚDE MELHORAR.
PRESERVAR AS NOSSAS MATAS
E AS ÁRVORES NÃO CORTAR,
É COMPROMISSO IMPORTANTE
QUE DEVEMOS SEMPRE HONRAR.
É IMPORTANTE RECICLAR
PARA O LIXO TRANSFORMAR.
O PARAÍSO COM CERTEZA
IREMOS ENCONTRAR.

TEXTO ESCRITO ESPECIALMENTE PARA ESTA OBRA.

Ouça a leitura do professor e imagine o que poderia mudar para que o planeta Terra fosse um paraíso. Depois, faça um desenho ao redor do poema para ilustrá-lo.

▶ DATAS COMEMORATIVAS

DIA DAS MÃES – SEGUNDO DOMINGO DE MAIO

NESSA DATA HOMENAGEAMOS AS MÃES COM MUITO AMOR E RESPEITO. VAMOS FAZER UMA APRESENTAÇÃO MUSICAL PARA ELAS?

- ESCOLHAM UMA MÚSICA QUE FALE SOBRE AS MÃES;
- ENSAIEM A LETRA DELA E INVENTEM UMA COREOGRAFIA;
- DECIDAM O FIGURINO QUE USARÃO;
- CONVIDEM A MÃE OU A PESSOA QUE CUIDA DE CADA UM DE VOCÊS PARA ASSISTIR À APRESENTAÇÃO.

▼ Como é sua mãe?

Com os colegas e o professor, siga as dicas e organize uma apresentação musical para homenagear as mães.

Depois, desenhe no quadro como foi a apresentação.

DIA DO MEIO AMBIENTE – 5 DE JUNHO

ESSA DATA FOI INSTITUÍDA EM 1972, PELA ORGANIZAÇÃO DAS NAÇÕES UNIDAS (ONU), DURANTE UMA CONFERÊNCIA QUE TINHA COMO TEMAS O MEIO AMBIENTE E A ECOLOGIA.

ÁGUA

LIXO

▼ Por que devemos cuidar do meio ambiente?
▼ Que iniciativas podem ajudar a preservá-lo?

Desenhe nos quadros uma atitude positiva relacionada ao cuidado com a água e outra relacionada ao destino correto do lixo.

DIA DOS AVÓS – 26 DE JULHO

OS AVÓS SÃO PAIS DE NOSSOS PAIS, POR ISSO ESTÃO LIGADOS A NÓS POR LAÇOS CONSANGUÍNEOS E/OU AFETIVOS. ELES SÃO MAIS VELHOS E, PORTANTO, TÊM MUITA EXPERIÊNCIA DE VIDA, PODENDO TRANSMITIR SEUS CONHECIMENTOS AOS FILHOS E NETOS.

▼ Como se chamam seus avós paternos? E seus avós maternos?

▼ Você convive com eles?

Pense em seus avós com carinho e faça um desenho para homenageá-los nessa data.

DIA DOS PAIS – SEGUNDO DOMINGO DE AGOSTO

NESSA DATA HOMENAGEAMOS OS PAIS COM MUITO AMOR E RESPEITO.

AMOROSO
RESPONSÁVEL
MARAVILHOSO
INTELIGENTE

BONITO
SORRIDENTE
PREOCUPADO
ATENCIOSO

▼ Como é seu pai?
Conte para a turma como ele é fisicamente e também fale sobre o jeito de ser dele. Depois, leia as palavras com a ajuda do professor e circule as que lembram seu pai. Por último, desenhe-o no quadro.

DIA DO TRÂNSITO – 25 DE SETEMBRO

RESPEITO NO TRÂNSITO É UM DEVER DE TODOS OS CIDADÃOS.

ILUSTRAÇÕES: DAE

▼ Para que servem as placas de trânsito?
▼ Elas orientam apenas os motoristas?

Observe essas placas de sinalização e circule somente aquelas que você já viu nas ruas. Depois, converse com os colegas e o professor sobre o que elas significam.

DIA DA CRIANÇA – 12 DE OUTUBRO

ESSE É UM DIA DEDICADO A FESTEJAR A INFÂNCIA DE TODAS AS CRIANÇAS. BRINQUE BASTANTE E DIVIRTA-SE, PORQUE HOJE O HOMENAGEADO É VOCÊ!

▼ Do que as crianças precisam para ser felizes?

Com os colegas e o professor, faça na lousa uma lista de filmes infantis e vote naquele que você gostaria de ver hoje. Depois de assistir ao filme escolhido com a turma, faça um desenho para representar a parte de que mais gostou.

DIA DO PROFESSOR – 15 DE OUTUBRO

ERA UMA VEZ UMA PROFESSORA MALUQUINHA.

NA NOSSA IMAGINAÇÃO ELA ENTRAVA VOANDO PELA SALA (COMO UM ANJO) E TINHA ESTRELAS NO LUGAR DO OLHAR. [...]

PARA OS MENINOS ELA ERA UMA ARTISTA DE CINEMA. [...]

PARA AS MENINAS, UMA FADA MADRINHA. [...]

ZIRALDO. **UMA PROFESSORA MUITO MALUQUINHA**. SÃO PAULO: MELHORAMENTOS, 1995. P. 5-7, 12 E 13.

▼ E para você, como é seu professor?
Escreva na linha o nome de seu professor e faça um desenho dele para homenageá-lo.

NATAL – 25 DE DEZEMBRO

NESSA DATA, OS CRISTÃOS CELEBRAM O NASCIMENTO DE JESUS CRISTO.

O PRESÉPIO É UM DOS SÍMBOLOS DESSA CELEBRAÇÃO.

CAROLINA SARTÓRIO

▼ Você e sua família costumam comemorar o Natal? Pinte o presépio e enfeite-o com os materiais que desejar.

TAREFA PARA CASA 1

▶ COMO CUIDAMOS DO CORPO?

ILUSTRAÇÕES: CAROLINA SARTÓRIO

▼ Que cuidados você costuma ter com seu corpo?
▼ O que é preciso fazer para manter a saúde?

Pinte as imagens que mostram hábitos que nos ajudam a manter o corpo saudável. Depois, converse com seus familiares e verifique se estão adotando esses cuidados no cotidiano.

153

TAREFA PARA CASA 2

▶ COMO VOCÊ PERCEBE O MUNDO?

GUSTAÇÃO   OLFATO   AUDIÇÃO
TATO   VISÃO

▼ Como você percebe as características das coisas a seu redor?
▼ Que órgãos do corpo você utiliza para isso?
Observe a imagem e pinte os objetos de acordo com a legenda de cores.

TAREFA PARA CASA 3

▶ NO MEU POMAR TEM...

_____

_____

▼ Se você tivesse um pomar em casa, que frutas gostaria de plantar? Desenhe as árvores e as frutas que você gostaria de ter no seu pomar.
▼ Você conhece outras árvores frutíferas? Escreva como souber o nome delas.

TAREFA PARA CASA 4

VAMOS CUIDAR DO NOSSO PLANETA?

▼ Você acha que nosso planeta precisa de cuidados? O que podemos fazer para preservá-lo?
▼ Você sabia que podemos reciclar o lixo?
  Com a ajuda de um familiar, recorte de jornais e revistas imagens de embalagens e produtos que podem ser reciclados e cole-as no quadro.

TAREFA PARA CASA 5

▶ UM MOMENTO DA MINHA VIDA

AS FOTOGRAFIAS NOS AJUDAM A RELEMBRAR FATOS DE NOSSA VIDA E GUARDAR INFORMAÇÕES IMPORTANTES SOBRE A HISTÓRIA DAS PESSOAS E DOS LUGARES.

▼ Você e sua família costumam tirar fotografias? Em que situações?

Com a ajuda de um familiar, cole uma fotografia sua ou de um objeto que lembre uma passagem marcante de sua vida. Depois, de volta à escola, conte como foi esse momento aos colegas e ao professor.

TAREFA PARA CASA 6

MEUS VIZINHOS

▼ Você tem muitos vizinhos?
▼ Quais deles você conhece e com quais conversa?
  Faça um desenho para representar um de seus vizinhos e escreva o nome dele na linha, da maneira que souber.

TAREFA PARA CASA 7

BRINQUEDOS E BRINCADEIRAS

▼ Você sabe qual era o brinquedo ou brincadeira preferida de seus pais?

Converse com eles e descubra. Depois, faça um desenho para representar esse brinquedo ou brincadeira.

Escreva, com ajuda de um adulto, o nome do brinquedo ou da brincadeira que você desenhou.

TAREFA PARA CASA 8

▶ MEIOS DE COMUNICAÇÃO

_____

_____

▼ Quando queremos nos comunicar com alguém que está longe, como fazemos?
▼ Que meios podemos utilizar?
  Recorte de jornais e revistas imagens de meios de comunicação. Cole-os acima e escreva o nome deles da maneira que souber.

TAREFA PARA CASA 9

▶ TANTAS PROFISSÕES!

▼ Você conhece muitas profissões?
▼ Qual é a profissão de seus familiares?
  Imagine a profissão que você quer ter quando for adulto e desenhe-a. Depois, escreva o nome dela da maneira que souber.

TAREFA PARA CASA 10

▶ MEUS COLEGAS DA ESCOLA

_____
_____

▼ Como são seus colegas da escola?
▼ Quantas crianças estudam na mesma turma que você?
Desenhe seus colegas de turma e escreva como souber o nome deles.

TAREFA PARA CASA 11

PAISAGENS QUE NOS CERCAM

ÁRVORES	MONTANHAS	ANIMAIS
PRÉDIOS	ÁREA VERDE	CARROS
PESSOAS	SINALIZAÇÃO	RIOS

▼ Você já visitou um lugar parecido com o da fotografia?

Observe a imagem com atenção e pinte apenas os quadrinhos que citam elementos que fazem parte dessa paisagem.

TAREFA PARA CASA 12

▶ VAMOS CUIDAR DA ÁGUA

▼ Você sabia que, se não cuidarmos da água, um dia ela pode acabar?
▼ O que devemos fazer para economizar água?
Desenhe no quadro uma atitude que pode economizar água.
De volta à escola, mostre aos colegas e ao professor o que você desenhou.

ENCARTES DE ADESIVO

PÁGINA 9

PÁGINA 21

CLAUDIA MARIANNO

ILUSTRAÇÕES: LUIZ LENTINI

177

PÁGINA 31

PROSTOCK-STUDI/ISTOCKPHOTO

ANKE VAN WYK/DREAMSTIME.COM

ZANSKAR/ISTOCKPHOTO.COM

STU PORTE/SHUTTERSTOCK.COM

PÁGINA 37

ILUSTRAÇÕES: HENRIQUE BRUM

179

PÁGINA 45

CAMOMILA	CAPIM-CIDREIRA	CARQUEJA	JASMIM
ROSA	LÍRIO	VIOLETA	ERVA-DOCE

LENTA/ISTOCKPHOTO.COM
FOOD IMPRESSIONS/SHUTTERSTOCK.COM
LÉO BURGOS
AFRICA STUDIO/SHUTTERSTOCK.COM
ALEXEY FURSOV/SHUTTERSTOCK.COM
LÉO BURGOS
ESIN DENIZ/SHUTTERSTOCK.COM
SCISETTI ALFIO/SHUTTERSTOCK.COM

PÁGINA 47

ANDREY ARMYAGOV/SHUTTERSTOCK.COM
DANNY YE/SHUTTERSTOCK.COM 
WALDEMAR MANFRED SEEHAGEN/SHUTTERSTOCK.COM 
BY DIRK M. DE BOER/SHUTTERSTOCK.COM

PÁGINA 48

PÁGINAS 52 E 53

ILUSTRAÇÕES: HENRIQUE BRUM

ILUSTRAÇÕES: DAYANE RAVEN

PÁGINA 113

PÁGINAS 122 E 123

185

▶ ENCARTES DE PICOTE

PÁGINA 35

PÁGINA 46

PÁGINA 78

PÁGINA 82

PÁGINA 84

PÁGINA 112

PÁGINA 124

PÁGINA 127

PÁGINA 131

195

PÁGINA 141

197

ILUSTRAÇÕES: CAROLINA SARTÓRIO

Mitanga

EM FAMÍLIA

2 EDUCAÇÃO INFANTIL

Editora do Brasil

APRESENTAÇÃO

> É preciso uma aldeia para se educar uma criança.
>
> Provérbio africano.

A educação de uma criança é um processo que envolve a família, a escola e toda a sociedade. Trata-se de uma responsabilidade compartilhada por todos nós.

Sabemos que na primeira infância, período que vai do nascimento até os 6 anos de idade, é construído o alicerce para a vida adulta.

Aos pais e demais cuidadores da criança, impõe-se a difícil tarefa de fazer escolhas ao longo desse processo de desenvolvimento, as quais precisam estar permeadas de responsabilidade, amor, criatividade e uma pitada de bom humor.

Buscando fortalecer a parceria entre escola e família, a Coleção Mitanga oferece o *Mitanga em família*, um caderno lúdico e, ao mesmo tempo, informativo, que busca disponibilizar aos pais e demais familiares uma aproximação de temas interessantes e atuais que estão ligados à primeira infância.

Além de textos e atividades para desenvolver com a criança, o material contém sugestões de livros, documentários, filmes e músicas. Também estão reservados, para cada tema abordado, espaços para escrever relatos, colar fotos, desenhar e pintar.

Este material é, portanto, uma obra inacabada e um convite para que os responsáveis pela criança interajam com o assunto e ajudem a construir uma agradável lembrança desta fase tão importante da vida humana.

Acompanhar o processo de desenvolvimento de uma criança é uma tarefa muito empolgante para todos que estão a seu redor. Cada criança é um ser humano único, com sua forma particular de ser e de compreender o mundo social em que vive. Esperamos que as informações e sugestões apresentadas nesta publicação sejam um instrumento de reflexão que contribua para o fortalecimento do vínculo entre pais e filhos, enriquecendo o trabalho desenvolvido no ambiente escolar.

SUMÁRIO

1. Base Nacional Comum Curricular .... **5** e **6**

2. O desenvolvimento da criança .... **7** a **10**

3. A importância do brincar .... **11** a **14**

4. Vivências com a natureza .... **15** a **18**

5. Criando brinquedos com sucata .... **19** a **23**

6. Brincadeiras musicais .... **24** a **27**

7. *Bullying* e inclusão .... **28** a **30**

Reflexão final: Para educar um filho **31**

Mensagem final dos pais **32**

1 BASE NACIONAL COMUM CURRICULAR

▶ Afinal, o que é a BNCC?

É um documento que define as aprendizagens essenciais que todos os alunos devem desenvolver ao longo das etapas e modalidades da Educação Básica, de modo que tenham assegurados seus direitos de aprendizagem e desenvolvimento, em conformidade com o que preceitua o Plano Nacional de Educação (PNE). Com a homologação desse documento, o Brasil inicia uma nova era na educação e se alinha aos melhores e mais qualificados sistemas educacionais do mundo.

A BNCC foca no desenvolvimento de **competências**, por meio da indicação clara do que os alunos devem "saber" e, sobretudo, do que devem "saber fazer" para resolver as demandas complexas da vida cotidiana, do pleno exercício da cidadania e do mundo do trabalho. Além disso, explicita seu compromisso com a **educação integral**, que visa construir processos educativos que promovam aprendizagens alinhadas às necessidades, possibilidades e aos interesses dos estudantes, bem como aos desafios da sociedade atual.

> No novo cenário mundial, reconhecer-se em seu contexto histórico e cultural, comunicar-se, ser criativo, analítico-crítico, participativo, aberto ao novo, colaborativo, resiliente, produtivo e responsável requer muito mais do que o acúmulo de informações. Requer o desenvolvimento de competências para **aprender a aprender**, saber lidar com a informação cada vez mais disponível, atuar com discernimento e responsabilidade nos contextos das culturas digitais, aplicar conhecimentos para resolver problemas, ter autonomia para tomar decisões, ser proativo para identificar os dados de uma situação e buscar soluções, conviver e aprender com as diferenças e as diversidades.
> BRASIL. Ministério da Educação. Secretaria da Educação. *Base Nacional Comum Curricular*. Brasília: Ministério da Educação, 2018. p. 14.

Quais são os 6 direitos de aprendizagem e desenvolvimento?

EDUCAÇÃO INFANTIL

- Conviver
- Brincar
- Participar
- Explorar
- Expressar
- Conhecer-se

PRINCIPAIS APRENDIZAGENS PARA A EDUCAÇÃO INFANTIL

Campo: O eu, o outro e o nós
- Respeitar e expressar sentimentos e emoções.
- Atuar em grupo e demonstrar interesse em construir novas relações, respeitando a diversidade e solidarizando-se com os outros.
- Conhecer e respeitar regras de convívio social, manifestando respeito pelo outro.

Campo: Corpo, gestos e movimentos
- Reconhecer a importância de ações e situações do cotidiano que contribuem para o cuidado de sua saúde e a manutenção de ambientes saudáveis.
- Apresentar autonomia nas práticas de higiene, alimentação, vestir-se e no cuidado com seu bem-estar, valorizando o próprio corpo.
- Utilizar o corpo intencionalmente (com criatividade, controle e adequação) como instrumento de interação com o outro e com o meio.
- Coordenar suas habilidades manuais.

Campo: Traços, sons, cores e formas
- Discriminar os diferentes tipos de sons e ritmos e interagir com a música, percebendo-a como forma de expressão individual e coletiva.
- Expressar-se por meio das artes visuais, utilizando diferentes materiais.
- Relacionar-se com o outro empregando gestos, palavras, brincadeiras, jogos, imitações, observações e expressão corporal.

Campo: Espaços, tempos, quantidades, relações e transformações
- Identificar, nomear adequadamente e comparar as propriedades dos objetos, estabelecendo relações entre eles.
- Interagir com o meio ambiente e com fenômenos naturais ou artificiais, demonstrando curiosidade e cuidado com relação a eles.
- Utilizar vocabulário relativo às noções de grandeza (maior, menor, igual etc.), espaço (dentro e fora) e medidas (comprido, curto, grosso, fino) como meio de comunicação de suas experiências.
- Utilizar unidades de medida (dia e noite; dias, semanas, meses e ano) e noções de tempo (presente, passado e futuro; antes, agora e depois) para responder a necessidades e questões do cotidiano.
- Identificar e registrar quantidades por meio de diferentes formas de representação (contagens, desenhos, símbolos, escrita de números, organização de gráficos básicos etc.).

Campo: Escuta, fala, pensamento e imaginação
- Expressar ideias, desejos e sentimentos em distintas situações de interação, por diferentes meios.
- Argumentar e relatar fatos oralmente, em sequência temporal e causal, organizando e adequando sua fala ao contexto em que é produzida.
- Ouvir, compreender, contar, recontar e criar narrativas.
- Conhecer diferentes gêneros e portadores textuais, demonstrando compreensão da função social da escrita e reconhecendo a leitura como fonte de prazer e informação.

BRASIL. Ministério da Educação. Secretaria da Educação. *Base Nacional Comum Curricular*. Brasília: Ministério da Educação, 2018. p. 52-53.

2 O DESENVOLVIMENTO DA CRIANÇA

Por volta dos 4 anos, a criança, já crescida, perde o aspecto de bebê. Correr, saltar, escalar, dançar... É uma fase de muita energia e disposição, portanto propícia para o incentivo da prática de esportes e de atividades ao ar livre.

Nessa idade, ela se relaciona bem com outras crianças, embora também goste de brincar e fantasiar sozinha. As brincadeiras que envolvem o "faz de conta" são parte de seu dia. Ela inventa histórias, desenvolve enredos e cria personagens. Nesse contexto, é possível até surgirem os amigos imaginários.

É importante que a criança seja convidada a acompanhar as atividades dos adultos, podendo participar de situações como cozinhar, plantar, arrumar a casa etc. Com o tempo, ela compreende a rotina da casa e se sente mais integrada à família.

Novos sentimentos podem aparecer, como o medo. Por isso, é importante que ela perceba que é amada e cuidada pelos adultos que a cercam.

▶ Crianças de 4 a 5 anos

Desenvolvimento esperado
- ▼ Aumentar substancialmente o vocabulário.
- ▼ Desenvolver uma imaginação muito vívida.
- ▼ Perceber bem a rotina diária.
- ▼ Pentear o cabelo.
- ▼ Falar fluentemente.
- ▼ Poder sentir os medos próprios da infância, como o medo do escuro e de monstros.
- ▼ Já conseguir expressar seus sentimentos.
- ▼ Começar a perceber o perigo.

Possibilidade de estímulos
- ▼ Pergunte como foi na escola e escute com atenção e interesse.
- ▼ Atribua responsabilidades à criança, como arrumar o quarto, ajudar a arrumar a mesa, cuidar do animal de estimação etc.
- ▼ Propicie um ambiente cultural, com idas ao cinema, teatro e museus.
- ▼ Permita a participação no preparo da refeição da família.
- ▼ Conte e escute histórias.
- ▼ Deixe alguns livros infantis sempre ao alcance da criança.
- ▼ Quando não souber responder a alguma pergunta dela, diga que não sabe. Assim, vocês podem procurar a resposta juntos.

Seu filho tem um amigo imaginário? Saiba como agir

Você já viu seu filho conversando sozinho? Quer dizer, sozinho não, com o seu amigo imaginário? Muitas vezes, essa amizade é tão rica e tão cheia de detalhes que pega a família toda de surpresa. [...]

A psicóloga da Unicamp Luciene Paulino Tognetta, especialista em Desenvolvimento Social e da Personalidade, conta que esses amigos podem surgir aos 3 anos, mas são mais comuns por volta do quarto e do quinto ano de vida da criança, quando ela está no auge do período de representação simbólica. "Nessa fase, é forte a capacidade de evocação do que não é real, da fantasia. A criança entra em constante dramatização e a brincadeira de faz de conta é parte do dia a dia", explica a especialista.

O amigo imaginário é apenas uma das formas de lidar com a realidade, e não está diretamente relacionado ao nível de criatividade e imaginação. Tampouco é verdade que filho único tem laços mais estreitos com eles. Para muitas crianças, é mais fácil usar uma boneca ou um bicho de pelúcia para entrar nesse jogo simbólico de fantasia. Algumas fingem ser outra pessoa, outras cantam. E tem aquelas que inventam um amigo só seu, com pensamentos, vontades e conselhos sob medida para atender aos anseios de seu criador.

"Pode ser uma maneira de lidar com lacunas de relacionamento, de entender seus próprios sentimentos ou uma situação que está vivenciando, por exemplo, a separação dos pais ou a mudança de escola", explica Ricardo Halpern, presidente do Departamento de Pediatria do Comportamento e Desenvolvimento da Sociedade Brasileira de Pediatria (SBP). [...]

Em geral, não há o que os pais possam temer. Uma das pesquisas apresentadas em janeiro deste ano no Congresso Anual da Sociedade Britânica de Psicologia Infantil mostrou que, para 88% dos 265 pais participantes, a presença do amigo imaginário na vida do filho não é um problema, ao contrário, pode até ajudar no processo de desenvolvimento da criança. Propiciar mais momentos de diversão e ajudar na aceitação de limites foram citados por eles como os principais benefícios dessa amizade – desde que a fantasia não se sobreponha à realidade. [...]

Se você desconfiar que essa interação passa dos limites, observe se o seu filho está se isolando, se não quer mais ir à escola, se está deixando de comer. Se ele não quiser largar o amigo de jeito nenhum, será preciso uma investigação mais aprofundada para descobrir o que há por trás dessa fuga da realidade. Em paralelo, os pais podem estimular o convívio dele com crianças de verdade. Vale fazer festas do pijama, passeios no parque e tudo que melhore o convívio social.

Na maioria dos casos, a companhia imaginária é uma fase de transição. E, enquanto ela não passa, é melhor que os pais tratem a situação com normalidade, sem dar castigo ou repreender a criança para que ela não fique insegura e recorra à mentira. Entrar na brincadeira e aceitar que, por aquele período, a sua família ganhou um novo membro é a melhor saída. [...]

BASILIO, Andressa. Seu filho tem um amigo imaginário? Saiba como agir. *Crescer*, São Paulo, 17 fev. 2014. Disponível em: https://revistacrescer.globo.com/Criancas/Comportamento/noticia/2014/02/seu-filho-tem-um-amigo-imaginario-saiba-como-agir.html. Acesso em: 12 mar. 2020.

PROPOSTAS DE ATIVIDADES

Comecei o ano assim...

Cole abaixo uma fotografia atual de seu filho.

pixeldreams.eu/Shutterstock.com

O que já sei fazer sozinho?

Escreva abaixo algumas conquistas recentes de seu filho.

_____
_____
_____
_____
_____

3 A IMPORTÂNCIA DO BRINCAR

A Base Nacional Comum Curricular prioriza o brincar na Educação Infantil, pois entende que a criança aprende enquanto brinca.

Segundo a BNCC, brincar amplia e diversifica os conhecimentos da criança, sua imaginação, sua criatividade, suas experiências emocionais, corporais, sensoriais, expressivas, cognitivas, sociais, relacionais e o acesso a produções culturais.

Cabe aos pais e responsáveis criarem as condições necessárias para permitir o livre brincar. As crianças só precisam de espaço e tempo para que o mundo mágico da brincadeira apareça.

Se você reconhece que o dia a dia de sua família carece desses momentos, não se culpe! Existem formas de tornar a rotina mais lúdica e menos pesada. Não há uma receita única. Cada família, com sua dinâmica, pode – e deve – priorizar o brincar das crianças, preferencialmente ao ar livre.

A natureza é sem dúvida o melhor brinquedo de uma criança. É essencial que ela cresça em contato com o ambiente natural e seus elementos.

> A leitura do mundo precede a leitura da palavra.
>
> Paulo Freire

Para se inspirar

Brincando com a Turma da Mônica, de Mauricio de Sousa e Ricardo Nastari (Senac).

O livro convida a conhecer – ou relembrar – mais de 70 brincadeiras, jogos, passatempos e parlendas que deviam fazer parte do manual básico da infância feliz: alerta, pega-pega, cama de gato, mãe da rua, pique-bandeira, cabo de guerra, pular elástico, pular corda, entre tantas outras brincadeiras divertidas.

Tarja branca, de Cacau Rhoden (80 min).

As brincadeiras infantis fazem parte de nossa formação social, intelectual e afetiva. Por meio delas, socializamos, nos definimos e introjetamos muitos dos hábitos culturais da vida adulta. Todos brincamos na infância e, ao brincar, fomos livres e felizes. Mas será que ainda carregamos essa subjetividade brincante e cultura lúdica vivas dentro de nós? Será que a criança que fomos se orgulharia do adulto em que se transformou?

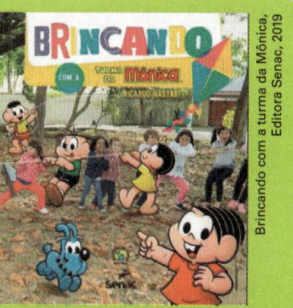

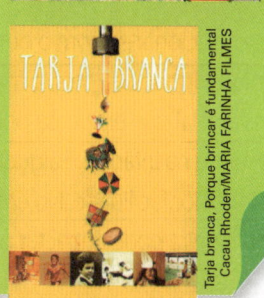

Você sabe qual é a importância da brincadeira na vida de seu filho? Confira abaixo 11 motivos para incentivar seu filho a brincar muito!

1. Combate a obesidade

É notória a importância do brincar para que a criança se movimente, desenvolva a motricidade e mantenha o peso regular, combatendo a obesidade e o sedentarismo. A brincadeira ao ar livre é fundamental para que a criança explore espaços maiores, mexa-se mais, experimente variações climáticas, tome sol (lembre-se sempre da proteção e dos horários adequados), entre outros benefícios. Meia hora de pega-pega, por exemplo, gasta em média 225 calorias e o mesmo tempo de amarelinha representa 135 calorias. "A convivência com a natureza reduz a obesidade, o déficit de atenção, a hiperatividade e melhora o desempenho escolar", afirma Daniel Becker, do Instituto de Pediatria da Universidade Federal do Rio de Janeiro. Além disso, ao ter contato com ela – seja em parques, praças ou praias –, seu filho cria uma conexão prazerosa com o meio ambiente e estabelece uma relação de respeito com todos os seres vivos.

2. Permite o autoconhecimento corporal

Quando o bebê bate palmas ou a criança anda de bicicleta, estão experimentando o que o corpo é capaz. "Se você permite que seu filho corra, tropece, caia e levante de novo, ele aprende sozinho sobre suas possibilidades e limitações", diz Luciane Motta, da Casa do Brincar (SP). Na brincadeira, o ser humano começa a ter consciência de si mesmo.

3. Estimula o otimismo, a cooperação e a negociação

Por que o brincar tem tanto valor, a ponto de estar previsto na Declaração Universal dos Direitos da Criança, do Unicef? Porque seus benefícios transbordam em muito o aspecto físico. É como se fosse uma característica inerente ao ser humano, defende o psiquiatra Stuart Brown, fundador do The National Institute for Play, na Califórnia (EUA). "Trata-se de uma necessidade biológica básica que ajuda a moldar o cérebro. A vantagem mais óbvia é a intensidade de prazer, algo que energiza, anima e renova o senso natural de otimismo", diz. Algumas habilidades essenciais, que serão requisitadas também no futuro, estão na brincadeira, como cita o estudo *O impacto do desenvolvimento na primeira infância sobre a aprendizagem*, do Comitê Científico do Núcleo Ciência pela Infância: "À medida que as brincadeiras se tornam mais complexas, o brincar oferece oportunidades para aprender em contextos de relações socioafetivas, onde são explorados aspectos como cooperação, autocontrole e negociação".

4. Gera resiliência

Uma das habilidades emocionais mais valorizadas hoje em dia também é desenvolvida no ato de brincar: a resiliência. Quando a criança perde no jogo ou o amigo não quer brincar da maneira como ela sugeriu, entra em cena a capacidade de lidar com a frustração, de se adaptar e se desenvolver a partir disso. Com essas experiências, ela aprende a administrar suas decepções e a enfrentar as adversidades.

5. Ensina a ter respeito

Relacionar-se com o outro é mais uma capacidade vivenciada na brincadeira. Ao interagir com os amigos, irmãos ou pais, a criança aprende a respeitar, ouvir e entender os outros e suas diferenças. Para isso, é essencial que ela possa brincar livremente, sem condições impostas por gênero. "O adulto que brincou bastante na infância é alguém aberto a mudanças, tem pensamentos mais divergentes e aceita a diferença com maior facilidade. No entanto, se uma menina só pode brincar de casinha e o menino, de carrinho, a brincadeira pode impactar para o mal", lembra Gisela Wajskop, doutora em Educação e colunista da *Crescer*.

6. Desenvolve a atenção e o autocontrole

Seja para montar um quebra-cabeça, equilibrar-se em um pé só ou empilhar uma torre com blocos, essas habilidades serão aperfeiçoadas a cada brincadeira. Sem contar que serão empregadas desde muito cedo na vida do seu filho, seja na hora de fazer uma prova ou de resolver um conflito.

7. Acaba com o tédio e a tristeza

Brincar ajuda a manter em ordem a saúde emocional – e as próprias crianças percebem esse benefício. Em um estudo realizado pela Universidade de Montreal, no Canadá, 25 meninos e meninas de 7 a 11 anos fotografaram e falaram de suas brincadeiras favoritas. Para eles, brincar é uma oportunidade de experimentar felicidade, combater o tédio, a tristeza, o medo e a solidão. "Quando pais, médicos e autoridades focam somente [o] aspecto físico da brincadeira, deixam de lado pontos benéficos para a saúde emocional e social", afirma a autora Katherine Frohlic.

8. Incentiva o trabalho em equipe

Nos jogos coletivos, como o futebol e a queimada, a capacidade de se relacionar com os demais também exige que a criança pense e aja enquanto parte integrante de um grupo. Em um mundo como o que vivemos, cada vez mais conectado, essa habilidade se faz ainda mais importante. Trabalha-se cada vez mais com projetos (desde a educação nas escolas até as grandes empresas), nos quais tudo parte de um interesse coletivo e todas as etapas são desenvolvidas em conjunto – por isso, aprender a defender um time hoje pode ter grande impacto lá na frente.

9. Instiga o raciocínio estratégico

Jogos de regra, como os de tabuleiro, põem as crianças em situações de impasse. Para solucioná-los, elas precisam raciocinar de maneira estratégica, argumentar, esperar, tomar decisões e, então, analisar os resultados. Ao solucionar problemas, elas vão tentar, errar e aprender com tudo isso – para que, na próxima rodada, possam fazer melhor, com mais repertório.

10. Promove criatividade e imaginação

Ao ler uma história, brincar de boneca ou construir um brinquedo com sucata, a criança desenvolve a imaginação. E, para isso, não precisa de muito: potes, galhos e panelas podem dar vida a tanta coisa! Foi o que mostrou uma pesquisa da RMIT University, de Melbourne, na Austrália, feita com 120 crianças de 5 a 12 anos. A conclusão é que itens como caixas e baldes incentivam mais a imaginação do que brinquedos caros. Isso porque esses materiais não induzem a uma ideia pronta.

11. Estabelece regras e limites

Brincando, a criança reconhece e respeita os limites do espaço, do outro e de si mesma. E passa a lidar com regras, aprendendo a segui-las. Se tiver abertura, ela poderá até questioná-las. Isso será fundamental para conviver em sociedade – quando se faz necessário seguir certas convenções, mas também tentar mudar o cenário para melhor, se possível.

HEYGI, Fernanda. Importância do brincar: 11 motivos para seu filho se divertir muito. *Crescer*, São Paulo, 27 mar. 2015. Disponível em: https://revistacrescer.globo.com/Brincar-e-preciso/noticia/2015/03/importancia-do-brincar-11-motivos-para-seu-filho-se-divertir-muito.html. Acesso em: 12 mar. 2020.

PROPOSTAS DE ATIVIDADES

Tempo juntos

A natureza tem o poder de tornar as crianças mais saudáveis e mais felizes. Pensando nisso, sugerimos uma atividade muito divertida para ser feita em família: acampar!

> [...] acampar é uma vivência tão especial e intensa que é como se vivêssemos dois meses em dois dias. Muita coisa acontece conosco: aprendemos a reconhecer nossas possibilidades e limites, exercitando nossa autonomia e lidando com riscos.
>
> Cooperamos e nos responsabilizamos por nós mesmos e pelo próximo. Experimentamos escutar, ceder, liderar e seguir. Percebemos que é possível viver e ser feliz com muito pouco e assim damos um passo a mais no sentido de distinguir o essencial do supérfluo.
>
> E então, subitamente, nos pegamos gostando de aventuras ao ar livre e nos encantamos pelo imenso mundo que dividimos com tantas outras formas de vida.
>
> Dormir sob as estrelas, conversar no escuro da barraca, sentir a proximidade da natureza, cozinhar juntos ao ar livre e conviver em família desconectados de eletrônicos são vivências inesquecíveis compartilhadas por pais, mães e filhos. [...]
>
> FLEURY, Laís (coord.). *Acampando com crianças*. [S. l.]: Programa Criança e Natureza; Instituto Alana, 2019. p. 1-2. Disponível em: https://criancaenatureza.org.br/wp-content/uploads/2019/07/Guia-Acampando-com-Crian%C3%A7as.pdf. Acesso em: 12 mar. 2020.

Para ler e conhecer

Acampando com crianças, coordenado por Laís Fleury (Criança e Natureza e Instituto Alana).

Disponível em: https://criancaenatureza.org.br/wp-content/uploads/2019/07/Guia-Acampando-com-Crian%C3%A7as.pdf. Acesso em: 12 mar. 2020.

4 VIVÊNCIAS COM A NATUREZA

> O contato com a natureza melhora todos os marcos mais importantes de uma infância saudável – imunidade, memória, sono, capacidade de aprendizado, sociabilidade, capacidade física – e contribui significativamente para o bem-estar integral das crianças e jovens. As evidências apontam que os benefícios são mútuos: assim como as crianças e os adolescentes precisam da natureza, a natureza precisa das crianças e dos jovens.
>
> Programa Criança e Natureza

Hoje, com o excesso de tecnologias e de consumo, é muito comum que as crianças cresçam sem contato com a natureza. Isso, sem dúvida, causa prejuízo ao desenvolvimento físico e mental delas.

O distanciamento da natureza é tanto que, em 2005, no livro *The last child in the woods* ("A última criança na natureza"), Richard Louv desenvolveu um conceito para definir crianças que foram apartadas do contato com o mundo natural, que denominou "transtorno de déficit de natureza". Essas crianças podem apresentar sintomas como irritabilidade, déficit de atenção, hiperatividade, depressão, obesidade, entre outros.

Para saber mais

Criança e natureza.
Disponível em: https://criancaenatureza.org.br/. Acesso em: 26 mar. 2020.

Para ler

A última criança na natureza: resgatando nossas crianças do transtorno do déficit de natureza, de Richard Louv (Aquariana).
O livro trata do impacto negativo da falta da natureza na vida das crianças, especialmente as que vivem em ambientes urbanos.

Natureza: um ótimo remédio

Entrevista com a pediatra Evelyn Eisenstein

Pais e mães de crianças e adolescentes têm recebido receitas diferentes ao final da consulta com a pediatra Evelyn Eisenstein, no Rio de Janeiro. O papel, que tem data, CRM e carimbo, tudo dentro dos conformes, traz indicações como: "Faça uma caminhada ao ar livre, todos os dias"; "Desconecte o celular na hora das refeições".

Maluquice? Nada disso! São recomendações que constam do manual que Evelyn, que faz parte da Sociedade Brasileira de Pediatria, ajudou a elaborar, em parceria com o Grupo de Trabalho em Saúde e Natureza, do Instituto Alana. O manual visa orientar famílias, pediatras e educadores sobre a importância do convívio de crianças e adolescentes em meio à natureza para obter saúde e bem-estar. "Hoje, estamos tendo que falar sobre o óbvio: tecnologia precisa, também, de ter limites, desconectar!"

A ligação entre uma infância cada vez mais fechada entre quatro paredes e o sedentarismo, o sobrepeso e a obesidade já foi bastante estudada. Agora, começam a surgir também associações com prejuízos à saúde como hiperatividade, baixa motricidade, déficit de atenção, e até miopia... Pode nos contar mais sobre isso?

Não é uma relação direta, de causa e efeito, como ocorre com uma bactéria e uma infecção. Uma correlação multifatorial como a do cigarro e o câncer de pulmão, que demorou 50 anos para ser provada, mas já está estabelecida. Estamos falando sobre influências de um contexto social que favorece o surgimento de certos danos à saúde: cidades superpopulosas, com muito estresse à volta das crianças, poluição do ar e sonora, e poucas opções de lazer ao ar livre. Esses fatores todos levam ao confinamento. As pessoas, quando saem de casa, vão ao *shopping* ou a outros lugares fechados, onde o emparedamento segue. Mas as crianças precisam de sol na pele, para produzir vitamina D, de espaço para correr e brincar livremente, para desenvolver sua motricidade. Há estudos associando a falta de brincar com o aumento da prevalência de estresse tóxico e de transtornos comportamentais, como o de déficit de atenção e hiperatividade (TDAH) e a depressão. O contato com a natureza também propicia um relaxamento e a possibilidade de desenvolver curiosidade, criatividade, autonomia. Locais amplos exercitam os olhos a enxergar longe e perto, algo que não ocorre quando se está muitas horas somente em frente a telas e espaços fechados.

Você costuma prescrever aos seus pacientes contato com a natureza, mais vida ao ar livre. Quais são as reações quando faz isso?

Sim, faço isso o tempo todo, tenho falado, recomendado: "Dê a mão ao seu filho e vá caminhar. Aqui, no Rio de Janeiro, tem a Lagoa, o Aterro, o Jardim Botânico...". Outra coisa que recomendo é se desconectar, tanto na hora das refeições como duas ou três horas antes de ir dormir. É bom para a família. Outro dia, uma mãe me disse que na casa dela não havia mais "hora da refeição", que cada um esquentava seu prato e ficava em suas redes sociais nos *smartphones*. Isso significa que estamos perdendo convivência familiar, que não estamos nos dando a oportunidade de estar juntos para conversar com os filhos, tentar compreender o que pensam ou como se sentem. Quando digo isso, muitos se surpreendem. Acho que prefeririam que eu somente receitasse um remédio e não algo tão simples, como uma caminhada e uma boa conversa.

Indo além da responsabilidade dos pais, não haveria outros fatores que condicionam esse estilo de vida, como a escassez de oferta de praças e parques nas cidades?

Sim, concordo plenamente: Cadê as políticas públicas de prevenção? Existe uma falta de visão de futuro para determinantes sociais da saúde, não só a proteção da pessoa, a segurança mas também em relação ao lazer, à saúde mental, como diminuir o estresse, como incentivar as pessoas a praticar mais exercícios. Aí muitos vão para dentro de uma academia de ginástica, confinados, com música estridente, em vez de fazer um passeio ao ar livre. Quanto mais a sociedade estiver informada e pressionar os governos, mais chances haverá de acontecer alguma mudança.

Antigamente, as pessoas diziam "eu sou nervosa". Hoje, muitos adolescentes se apresentam dizendo que têm "ansiedade", "depressão", "síndrome do pânico". O que vem acontecendo?

Quando alguém me diz algo assim, faço uma única pergunta: Quantas horas esse adolescente dorme por dia? Crianças e adolescentes precisam entre nove e dez horas de sono diário. No mínimo, oito horas. Isso é determinante em seu comportamento, em seu bem-estar durante a fase de crescimento e desenvolvimento corporal, cerebral, emocional. A adolescência é um período de enorme energia, de criação, questionamento, de oportunidades. Esses adolescentes poderiam estar fazendo um trabalho comunitário, exercendo sua liderança ou protagonismo juvenil na música, na arte, nos esportes ou acompanhando crianças mais novas, e isso lhes daria uma outra dimensão, um outro sentido de vida. Estamos enxergando as crianças e adolescentes somente como um produto de consumo. E isso é muito grave. Por exemplo, os jardins japoneses foram criados para diminuir o estresse, para ensinar a plantar, a colher, a admirar a natureza. Assim deveriam ser as praças públicas. O que fazer se as autoridades não geram condições para tanto? Precisamos mudar nossa visão do contexto, da natureza a ser preservada à nossa volta, para nosso próprio benefício. Conheço um pai de um paciente que montou um forno de *pizza* em casa e, todo domingo, recebe os amigos adolescentes do filho para preparar e comer *pizza*. Virou um programa. É preciso fazer coisas juntos, se relacionar melhor!

NATUREZA: um ótimo remédio. *Criança e Natureza*, [s. l.], [20--?]. Disponível em: https://criancaenatureza.org.br/entrevistas/natureza-um-otimo-remedio/. Acesso em: 12 mar. 2020.

PROPOSTAS DE ATIVIDADES

Diário de acampamento

E aí, que tal reunir a família e acampar em um lugar bem bonito?

Depois, escreva abaixo um resumo da vivência com seu filho no acampamento. Algumas informações importantes para registrar: Onde fomos? O que comemos? Que animais vimos? Quais as plantas mais bonitas? Como foi a noite? Qual foi o momento mais divertido? Quais foram as maiores dificuldades? Vamos repetir o passeio?

_____
_____
_____
_____
_____

Agora, com seu filho, faça um desenho desse momento no espaço a seguir.

5 CRIANDO BRINQUEDOS COM SUCATA

A crise mundial da poluição por plásticos é uma triste realidade. Segundo estudo lançado pelo WWF (*Relatório da Dalberg Advisors*, WWF, 2019), o volume de plástico que vaza para os oceanos todos os anos é de aproximadamente 10 milhões de toneladas. Dados do mesmo estudo indicam que quase metade de todo esse plástico é utilizada para fabricar produtos descartáveis com vida útil menor que três anos.

O Brasil produz, em média, aproximadamente 1 quilo de lixo plástico por habitante a cada semana. Nossos solos, águas doces e oceanos estão contaminados com macro, micro e nanoplásticos, que podem ser ingeridos por seres humanos e outros animais.

Repensar nossos hábitos é urgente. Você conhece a política dos **5 Rs**? Saiba mais sobre ela e considere implementá-la em sua casa!

O significado dos 5 Rs da sustentabilidade

1. Repensar

Antes de efetuar qualquer compra, reflita se é realmente necessária tal aquisição, se você não está comprando por impulso, talvez você até consiga reaproveitar algo que já possui. Avalie quais os danos este produto causa ao meio ambiente ou à sua saúde.

2. Recusar

Recuse produtos que vêm em embalagens de plástico, prefira as recicláveis como de vidro e metal ou as biodegradáveis. Utilize *ecobags* ao invés de usar a sacolinha plástica do mercado. Prefira as mercadorias de empresas que tenham compromisso com o meio ambiente.

3. Reduzir

Reduza seu consumo, o barato às vezes sai caro, por isso adquira produtos de qualidade e com maior durabilidade. Outras formas de reduzir são: preferir alimentos a granel, levando o próprio recipiente, utilizar lâmpadas LED, usar pilhas recarregáveis etc. Dessa forma, além de ter uma economia, você reduz o seu lixo.

4. Reutilizar

Dê uma nova vida para materiais que já foram utilizados. Doe roupas que você não usa mais, conserte o que estiver quebrado como eletrodomésticos e móveis. Use sua criatividade; resíduos de plásticos, papéis, metal, madeira, entre outros, podem ser utilizados no artesanato virando lindas peças de decoração.

5. Reciclar

Faça coleta seletiva na sua casa; seus resíduos serão reciclados e transformados em outros produtos. Ao reciclar, economiza-se energia, recursos naturais, [contribui-se] para a redução da poluição e [prolonga-se] a vida útil dos aterros sanitários.

CACHOEIRA, Danielle Muniz – T.M.A. Entenda o significado dos 5 Rs da sustentabilidade. *Portal HypeVerde*, [s. l.], 21 dez. 2018. Disponível em: www.hypeverde.com.br/5-rs-da-sustentabilidade/. Acesso em: 12 mar. 2020.

PROPOSTAS DE ATIVIDADES

Listamos algumas ideias bacanas para você fazer brinquedos reciclados com seu filho reutilizando material que iria para o lixo. E o mais legal de tudo é que são bem simples e fáceis de criar.

Bilboquê

Olha, que bacana fazer um bilboquê com uma simples garrafa PET e barbante! Vocês podem usar fita adesiva colorida ou tinta plástica para decorá-lo.

Fernando Favoretto

Bonecos e robôs

Os bonecos e robôs de seu filho serão agora criados e personalizados por ele. Veja esses modelos feitos com materiais reutilizados.

Binóculo

Rolinhos de papel higiênico vazios e barbante podem virar um incrível binóculo para seu filho explorar a natureza ou ainda brincar de detetive com os colegas. Uma opção simples de ser criada e diversão garantida para as crianças.

Telefone

Com caixinhas de diversos tamanhos, vocês podem montar uma infinidade de brinquedos, como esse telefone. As embalagens podem ser encapadas ou pintadas com tinta guache.

Vaivém

Mais uma ideia para reaproveitar diversas embalagens. Com garrafas PET, rolinhos de papel higiênico, fios de varal e fitas adesivas você pode um vaivém com a ajuda de seu filho. É um brinquedo antigo, mas que ainda faz sucesso entre a garotada. Convide toda a família a se movimentar abrindo e fechando os braços com ele.

Jogo "Cai, não cai"

Funciona assim: cada jogador tira uma vareta por rodada, mas não pode deixar as bolinhas de gude caírem. Aquele que deixar cair menos bolinhas de gude ganha o jogo!

Material:

- ▼ garrafa PET de 2 litros;
- ▼ palitos de churrasco;
- ▼ bolinhas de gude;
- ▼ pirógrafo (ou objeto que fure a garrafa PET).

Como fazer e como brincar

- ▼ Usando o pirógrafo, faça vários furinhos em volta da garrafa PET. Faça em fileiras horizontais para ficar mais fácil (imagem 1).

- ▼ Para montar o jogo, os palitos devem ser dispostos nos furinhos da garrafa, atravessando-a (imagem 2).

- ▼ Em seguida, coloque todas as bolinhas de gude pelo gargalo da garrafa e feche-a (imagem 3).

- ▼ Cada jogador, em sua vez, deve retirar um palito da garrafa sem deixar as bolinhas caírem.

- ▼ Se desejar, pinte com tinta guache os palitos de churrasco de 3 ou 4 cores distintas e atribua uma pontuação diferente a cada cor.

- ▼ Vence o jogador que não deixar as bolinhas caírem ou deixar cair a menor quantidade.

PROPOSTAS DE ATIVIDADES

Como cuidamos do meio ambiente?

É fundamental que a educação ambiental esteja inserida no aprendizado desde a infância. Pensando nisso, responda, com a ajuda de seu filho: Como você e sua família cuidam do meio ambiente?

Escreva abaixo o que vocês já fazem ou pretendem começar a fazer para ajudar a cuidar do meio ambiente, que é de todos nós.

_____
_____
_____
_____
_____
_____
_____
_____
_____
_____

Para saber mais

WWF-Brasil. Disponível em: www.wwf.org.br/. Acesso em: 26 mar. 2020.
O WWF-Brasil é uma organização da sociedade civil brasileira que trabalha para mudar a atual trajetória de degradação ambiental e promover um futuro em que sociedade e natureza vivam em harmonia.

A história das coisas (The story of stuff), de Louis Fox (21 min).
Documentário que aborda o consumo exagerado de bens materiais e comenta o impacto negativo desse consumo no meio ambiente. Disponível em: www.youtube.com/watch?v=7qFiGMSnNjw&feature=emb_logo. Acesso em: 12 mar. 2020.

6. BRINCADEIRAS MUSICAIS

As cantigas populares constituem a mais viva expressão linguística de um povo. Com suas letras simples, são modelos para as crianças em idade pré-escolar, que, de maneira prazerosa, captam a estrutura das frases e do pensamento do povo ao qual fazem parte, o que lhes propicia diversas possibilidades de expressar-se verbalmente.

É altamente recomendável que os pais desenvolvam brincadeiras musicais com seus filhos. Quando associadas a danças, jogos e brincadeiras, as cantigas populares ampliam as possibilidades de interação, diversão e vínculo afetivo com as crianças.

Para ler

Brincadeirinhas musicais, de Palavra Cantada (Melhoramentos).
De maneira lúdica, o livro mostra às crianças maneiras divertidas de brincar com músicas conhecidas do Palavra Cantada, disponíveis no DVD que acompanha o livro. De forma simples, reúne a família toda em brincadeiras que podem ser feitas na sala de casa. Além disso, o livro convida as crianças a interagir com o universo musical usando diversos instrumentos – inclusive o próprio corpo.

Para assistir

Tum Pá, de Barbatuques (MCD).
Esse DVD é uma divertida jornada musical pelos sons da música corporal, com jogos rítmicos, assobio, canto e brincadeira.

▶ **Cantigas populares para ouvir e brincar**

Alecrim
Alecrim, alecrim dourado,
Que nasceu no campo
Sem ser semeado.
Foi meu amor
Que me disse assim,
Que a flor do campo é o alecrim.

A canoa virou
A canoa virou.
Foi pro fundo do mar.
Foi por causa da Maria
Que não soube remar.
Se eu fosse um peixinho
E soubesse nadar,
Eu tirava a Maria
Lá do fundo do mar.

Ciranda, cirandinha
Ciranda, cirandinha,
Vamos todos cirandar.
Vamos dar a meia-volta,
Volta e meia vamos dar.
O anel que tu me deste
Era vidro e se quebrou.
O amor que tu me tinhas
Era pouco e se acabou.

O cravo brigou com a rosa
O cravo brigou com a rosa
Debaixo de uma sacada.
O cravo saiu ferido
E a rosa, despedaçada.
O cravo ficou doente.
A rosa foi visitar.
O cravo teve um desmaio,
A rosa pôs-se a chorar.

Escravos de Jó
Escravos de Jó
Jogavam caxangá.
Tira, põe,
Deixa o Zé Pereira ficar.
Guerreiros com guerreiros
Fazem zigue-zigue-zá!
Guerreiros com guerreiros
Fazem zigue-zigue-zá!

Parlendas populares

As parlendas são versinhos com temática infantil que fazem parte do folclore brasileiro. Passadas de geração em geração, as parlendas são rimas usadas como brincadeira pelas crianças. Relembre algumas parlendas para brincar com seu filho.

Um, dois, feijão com arroz
Três, quatro, feijão no prato
Cinco, seis, falar inglês
Sete, oito, comer biscoitos
Nove, dez, comer pastéis.

O macaco foi à feira
Não sabia o que comprar.
Comprou uma cadeira
Pra comadre se sentar.
A comadre se sentou,
A cadeira esborrachou.
Coitadinha da comadre
Foi parar no corredor.

Dedo mindinho,
Seu vizinho,
Pai de todos,
Fura-bolo,
Cata-piolhos.

Hoje é domingo, pede cachimbo.
Cachimbo é de barro, bate no jarro.
O jarro é fino, bate no sino.
O sino é de ouro, bate no touro.
O touro é valente, bate na gente.
A gente é fraco, cai no buraco.
O buraco é fundo, acabou-se o mundo!

Janela, janelinha
Porta, campainha
Ding, dong.

Batatinha quando nasce,
Espalha a rama pelo chão.
Menininha quando dorme,
Põe a mão no coração.

Subi na roseira,
Quebrou um galho.
Segura, menino,
Senão eu caio.

PROPOSTAS DE ATIVIDADES

Criatividade na música

Que tal criar uma parlenda ou uma cantiga de roda com seu filho?
Escreva aqui a música ou parlenda que vocês criaram.

_____

_____

_____

_____

_____

Dançamos muito bem!

Você tem o hábito de dançar com seus filhos? Registre aqui um momento em que vocês se divertiram dançando. Pode ser uma fotografia ou um desenho.

Sunward Art/Shutterstock.com

7 BULLYING

Eis um tema "espinhoso", mas extremamente necessário de abordar com os pais: o *bullying* escolar. Trata-se de uma prática de violências físicas ou psicológicas constantes feitas por um ou mais agressores à vítima no ambiente escolar.

A expressão é originada da palavra inglesa *bully* (que em tradução livre corresponde a "brigão" ou "valentão"). Essa prática pode se apresentar em formas mais sutis, como apelidos e brincadeiras maldosas, podendo chegar a casos mais sérios, por exemplo, xingamentos e empurrões.

É apenas depois dos 3 anos de idade que as crianças desenvolvem a socialização e o senso de "outros", dando-se conta de que as pessoas ao redor não são todas iguais. Com isso, surgem os primeiros casos de discriminação, implicâncias e humilhações. O *bullying* dói, e é necessário falar sobre ele. A dor que se sente nem sempre se vê, pois ela muitas vezes é abafada e menosprezada pelos adultos cuidadores. Por isso, a parceria entre pais e professores é um fator essencial no combate e na prevenção.

É importante também identificar quem pratica a violência, para que os responsáveis sejam alertados e tomem providências, no sentido de ensinar por que esse comportamento não é bom. Especialistas ponderam que os que praticam o *bullying* são os que mais precisam de ajuda.

Veronica Louro/Shutterstock.com

▶ O que os pais podem fazer?

Se seu filho sofre *bullying*, esteja atento:

- ▼ Mostre que ele não está sozinho.
- ▼ Converse muito com a criança, demonstrando interesse por sua rotina escolar e seus sentimentos.
- ▼ Identifique de onde vem a agressão e as circunstâncias, buscando esclarecimentos com o professor e a direção da escola.
- ▼ Não coloque a responsabilidade do que está ocorrendo nele. Um dos maiores problemas da criança que sofre o *bullying* é a vergonha dos colegas e de contar aos pais. Por isso tantas crianças sofrem caladas.
- ▼ Instrua a criança a se afastar do agressor, mas ficar alerta e sempre denunciar essas agressões.
- ▼ Não estimule que ele "dê o troco", batendo no coleguinha. Isso só vai gerar mais conflito e violência.
- ▼ Ajude seu filho a se envolver em outras atividades que lhe interessem e reforcem sua autoestima.
- ▼ Considere pedir ajuda a um psicólogo.

Se seu filho pratica *bullying*, esteja atento:

- ▼ Escute seu filho. Quando são escutadas, as crianças podem refletir melhor sobre o que fizeram e descobrir o que poderiam ter feito em vez de humilhar ou maltratar alguém.
- ▼ Procure a escola para ouvir o que os profissionais têm a dizer.
- ▼ Exercite a empatia, fazendo com que seu filho tente se colocar no lugar do outro e imaginar o que ele sente.
- ▼ Esclareça a seu filho que brincadeiras que ofendem, humilham ou intimidam os outros não são brincadeiras, mas padrões de agressão.
- ▼ Promova o respeito dentro de casa. Ensine a seu filho que cada indivíduo tem suas particularidades e que ninguém é igual a ninguém.
- ▼ Avalie se o comportamento de seu filho pode ser um pedido de ajuda, um sinal de baixa autoestima ou desejo de ser escutado.
- ▼ Dê um voto de confiança. Onde não há perdão, não há amor, nem a possibilidade de acontecer a construção de uma boa autoestima.
- ▼ Considere pedir ajuda a um psicólogo.

PROPOSTAS DE ATIVIDADES

Reflexão

E vocês, pais, já enfrentaram preconceitos ou *bullying* em algum momento da infância ou até mesmo na vida adulta? Que tal conversar sobre isso com seu filho, principalmente reforçando a ele que estratégias você utilizou para lidar com a situação?

Conversem a respeito disso e escreva atitudes positivas de superação do *bullying*.

_____
_____
_____
_____
_____

Para assistir

Festa nas nuvens, produzido por Pixar (5 min).

Este curta-metragem faz uma reflexão sobre as diferenças e sobre como é possível conviver bem com elas. Disponível em: www.youtube.com/watch?v=pktG7AJRL8k (acesso em: 13 mar. 2020).

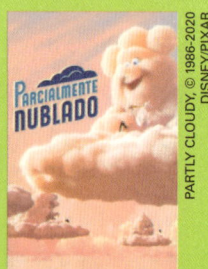

Colegas, de Marcelo Galvão (94 min).

Disposto a quebrar paradigmas, o diretor, produtor, editor e roteirista Marcelo Galvão apresenta o premiado Colegas, uma aventura despretensiosa, protagonizada por um trio de atores com síndrome de Down.

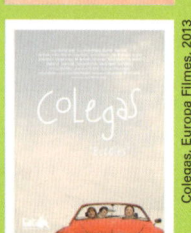

Extraordinário, de Stephen Chbosky (113 min).

Auggie Pullman é um garoto que nasceu com uma deformação facial, o que fez com que passasse por 27 cirurgias plásticas. Aos 10 anos, ele, pela primeira vez, frequentará uma escola regular como qualquer outra criança. Lá, precisa lidar com a sensação constante de ser sempre observado e avaliado por todos à sua volta.

REFLEXÃO FINAL: PARA EDUCAR UM FILHO

Era uma sessão de terapia. "Não tenho tempo para educar a minha filha", ela disse. Um psicanalista ortodoxo tomaria essa deixa como um caminho para a exploração do inconsciente da cliente. Ali estava um fio solto no tecido da ansiedade materna. Era só puxar um fio... Culpa. Ansiedade e culpa nos levariam para os sinistros subterrâneos da alma. Mas eu nunca fui ortodoxo. Sempre caminhei ao contrário na religião, na psicanálise, na universidade, na política, o que me tem valido não poucas complicações. O fato é que eu tenho um lado bruto, igual àquele do Analista de Bagé. Não puxei o fio solto dela. Ofereci-lhe meu próprio fio. "Eu nunca eduquei meus filhos...", eu disse. Ela fez uma pausa perplexa. Deve ter pensado: "Mas que psicanalista é esse que não educa os seus filhos?". "Nunca educou seus filhos?", perguntou. Respondi: "Não, nunca. Eu só vivi com eles". Essa memória antiga saiu da sombra quando uma jornalista, que preparava um artigo dirigido aos pais, me perguntou: "Que conselho o senhor daria aos pais?". Respondi: "Nenhum. Não dou conselhos. Apenas diria: a infância é muito curta. Muito mais cedo do que se imagina os filhos crescerão e baterão as asas. Já não nos darão ouvidos. Já não serão nossos. No curto tempo da infância há apenas uma coisa a ser feita: viver com eles, viver gostoso com eles. Sem currículo. A vida é o currículo. Vivendo juntos, pais e filhos aprendem. A coisa mais importante a ser aprendida nada tem a ver com informações. Conheço pessoas bem informadas que são idiotas perfeitos. O que se ensina é o espaço manso e curioso que é criado pela relação lúdica entre pais e filhos". Ensina-se um mundo! Vi, numa manhã de sábado, num parquinho, uma cena triste: um pai levara o filho para brincar. Com a mão esquerda empurrava o balanço. Com a mão direita segurava o jornal que estava lendo... Em poucos anos, sua mão esquerda estará vazia. Em compensação, ele terá duas mãos para segurar o jornal".

ALVES, Rubem. *Ostra feliz não faz pérola*. 2. ed. São Paulo: Planeta, 2014. p. 113-114.

MENSAGEM FINAL DOS PAIS

_____
_____
_____
_____
_____
_____
_____
_____
_____